PROBLEMAS RESUELTOS

DE

DIRECCIÓN DE OPERACIONES

Volumen 2

Federico Garriga Garzón

Problemas resueltos de dirección de operaciones vol. 2

1a Edición: ©2014 OmniaScience (Omnia Publisher SL)

© Federico Garriga Garzón, 2014

DOI: http://dx.doi.org/10.3926/oss.17

ISBN: 978-84-942118-3-6

DL: B-21038-2014

Imagen y diseño de cubierta: © OmniaScience

Índice

Prólogo

El presente libro es la continuación del primer volumen de la colección de problemas resueltos de dirección de operaciones. Este segundo volumen incluye cincuenta y cinco nuevos ejercicios resueltos y comentados. Al igual que sucede con el volumen 1 de la presente colección, la finalidad de este segundo volumen es eminentemente didáctica, justificándose su publicación únicamente por razones pedagógicas.

Se ha planificado su utilización para personas con conocimientos de dirección de operaciones, esencialmente para facilitar el aprendizaje de los procedimientos de resolución de problemas de dirección de operaciones a los estudiantes de dicha materia en las diversas Facultades, Escuelas Técnicas y Escuelas de Negocios en las que se imparte.

El libro consta de cincuenta y cinco ejercicios agrupados en siete capítulos que abarcan temas de dirección de operaciones que van desde el análisis de la capacidad de un sistema productivo hasta la planificación agregada de la producción, pasando por la productividad y la distribución en planta, entre otros. Los ejercicios, si bien están agrupados por temas, no están ordenados por nivel de dificultad dentro de cada tema, compatibilizándose ejercicios sencillos con ejercicios complejos con la finalidad de hacer más ameno el trabajo al estudiante incrementando así su interés por el estudio de la dirección de operaciones.

El enfoque de la publicación es marcadamente práctico, tratando de que no sea únicamente un libro de ejercicios resueltos para estudiantes, sino que se convierta en fuente de información y en una metodología para la resolución de problemas de dirección de operaciones, de interés no solo para estudiantes sino también para profesionales que lleven a cabo actividades de organización de las operaciones en el ámbito de las empresas tanto públicas como privadas.

Capítulo 1: Capacidad

Ejercicio 1

Una empresa proyectada para la fabricación de 10.000 unidades diarias, se encuentra limitada a fabricar solo 8.000 debido a los elevados tiempos de preparación. Calcule la utilización de dicha empresa.

El mes pasado, si bien la capacidad efectiva de la empresa era de 8.000 unidades diarias, sólo fabricó 6.000 al día debido a un error en la planificación. Calcule la eficiencia de la empresa.

Solución:

$$\text{Utilización} = \frac{\text{Output real}}{\text{Capacidad proyectada}} = \frac{8.000 \, \dfrac{\text{unidades}}{\text{día}}}{10.000 \, \dfrac{\text{unidades}}{\text{día}}} \times 100 = 80 \, \%$$

$$\text{Eficiencia} = \frac{\text{Output real}}{\text{Capacidad efectiva}} = \frac{6.000 \, \dfrac{\text{unidades}}{\text{día}}}{8.000 \, \dfrac{\text{unidades}}{\text{día}}} \times 100 = 75 \, \%$$

Ejercicio 2

Una empresa decide ampliar sus instalaciones a tres líneas de fabricación que operan a lo largo de tres turnos diarios de 8 horas cada turno durante 5 días a la semana cada una de ellas. La capacidad efectiva será de 500.000 unidades y la eficiencia del sistema del 90%. Calcule la producción estimada.

Solución:

$$\text{Eficiencia} = \frac{\text{Output real}}{\text{Capacidad efectiva}}$$

$$\text{Output real} = \text{Eficiencia} \times \text{Capacidad efectiva}$$

$$\text{Output real} = 0,90 \times 500.000 = 450.000 \text{ unidades}$$

Ejercicio 3

Halle la tasa de producción máxima de un salón de belleza atendido 8 horas diarias por una esteticista. En promedio el tiempo necesario para depilar a una señora es de 10 minutos y 20 minutos a un caballero, siendo el tiempo requerido para la preparación de cada cliente de 10 minutos. Se conoce que el 60% de los clientes diarios del salón de belleza son caballeros.

Solución:

$$\text{Tasa de producción máxima} = \text{Capacidad} = \frac{\text{Disponibilidad}}{\text{Consumo promedio}}$$

$$\text{Consumo promedio} = \frac{t_{\text{preparación}}}{Q} + t_{\text{producción}}$$

$$\text{Consumo promedio señoras} = \frac{10}{1} + 10 = 20 \, \frac{\text{min utos}}{\text{señora}}$$

$$\text{Consumo promedio caballeros} = \frac{10}{1} + 20 = 30 \, \frac{\text{min utos}}{\text{caballero}}$$

$$\left(20 \, \frac{\text{min utos}}{\text{señora}} \times 40\% \text{ señoras} \right) + \left(30 \, \frac{\text{min utos}}{\text{caballero}} \times 60\% \text{ caballeros} \right) = 26 \, \frac{\text{min utos}}{\text{depilación}}$$

$$\text{Capacidad} = \frac{8 \, \frac{\text{horas}}{\text{día}}}{26 \, \frac{\text{min utos}}{\text{depilación}} \times \frac{1}{60} \, \frac{\text{hora}}{\text{min utos}}} = 18,46 \, \frac{\text{depilaciones}}{\text{día}}$$

Capítulo 2: Análisis de inversiones

Ejercicio 1

Dos máquinas realizan el mismo trabajo, una de ellas es un 10 % más cara que la otra mientras que sus costes variables inferiores en un 10 %. Indique la máquina que debe elegir para realizar el trabajo.

Solución:

$$\text{Coste Total} = \text{Coste Fijo} + \text{Coste Variable}$$

$$\text{Coste Total Máquina 1} = K_1 + (c_1 \times n)$$

$$\text{Coste Total Máquina 2} = K_2 + (c_2 \times n) = (1{,}1 \times K_1) + (0{,}9 \times c_1 \times n)$$

$$\text{Coste Total Máquina 1} > \text{Coste Total Máquina 2}$$

$$K_1 + (c_1 \times n) > (1{,}1 \times K_1) + (0{,}9 \times c_1 \times n)$$

$$n > K_1 / c_1$$

Para un volumen de producción superior a n debe elegir la máquina 2 dado que el coste es inferior, por contra para volúmenes de producción inferiores a n debe utilizar la máquina 1.

Ejercicio 2

Una empresa dedicada a la fabricación de cerebros electrónicos para aeronaves interestelares está ampliando su capacidad, para ello debe decidir la localización idónea de su nueva planta productiva de cerebros electrónicos interestelares. La empresa está estudiando tres ubicaciones posibles, los costes anuales de cada localización en euros se muestran en la tabla.

	Gerona	Zamora	Mallorca
Salarios	2.750.000	2.500.000	3.000.000
Amortización instalaciones	1.000.000	1.100.000	1.200.000
Energía	550.000	500.000	600.000
Otros costes	600.000	500.000	400.000

Siendo los costes por unidad los siguientes:

	Gerona	Zamora	Mallorca
Mano de obra	30	40	20
Materias primas	20	30	10

Determine:

1. La localización óptima conociendo que el volumen de producción previsto en la nueva planta es de 60.000 unidades año.

2. La localización óptima si el volumen de producción de la nueva planta fuera de 20.000 unidades anuales.

Solución:

Costes Fijos = Salarios + Amortizaciones + Energía + Otros

Costes Variables = Mano de obra + Materias primas

	Gerona	Zamora	Mallorca
Total Costes Fijos	4.900.000	4.600.000	5.200.000
Total Costes Variables	50	60	40

1. La localización óptima conociendo que el volumen de producción previsto en la nueva planta es de 60.000 unidades año.

Coste Total = Coste Fijo + Coste Variable

Coste Total de fabricar 60.000 unidades	
Gerona	4.900.000 + (50 x 60.000) = 7.900.000
Zamora	4.600.000 + (60 x 60.000) = 8.200.000
Mallorca	5.200.000 + (40 x 60.000) = 7.600.000

Para un volumen de producción de 60.000 unidades anuales la ubicación óptima de la nueva planta es en Mallorca dado que el coste total anual es menor.

2. La localización óptima si el volumen de producción de la nueva planta fuera de 20.000 unidades anuales.

Coste Total = Coste Fijo + Coste Variable

Coste Total de fabricar 20.000 unidades	
Gerona	4.900.000 + (50 x 20.000) = 5.900.000
Zamora	4.600.000 + (60 x 20.000) = 5.800.000
Mallorca	5.200.000 + (40 x 20.000) = 6.000.000

Para un volumen de producción de 20.000 unidades anuales la mejor localización de la nueva planta es en Zamora dado que el coste total anual es menor.

Ejercicio 3

Con el objetivo de ampliar su planta de producción una empresa dispone de tres proyectos alternativos cuyos flujos netos de caja se muestran en la tabla.

Proyecto	Desembolso inicial	Año				
		1	2	3	4	5
1	130	-10	20	90	40	80
2	300	-30	30	170	20	170
3	400	90	60	250	80	160

Sabiendo que el tipo de interés del mercado es del 6% y que los flujos de caja positivos no se van a reinvertir y los flujos negativos no se van a financiar, elabore un informe sobre las inversiones con la siguiente información:

1. Clasifique los proyectos según los criterios del plazo de recuperación, el VAN y la TIR.

2. Indique la alternativa preferible si el coste del capital de la empresa es del 8%.

Solución:

<u>Plazo de recuperación sin descuento</u>

Recuperado en	Proyecto 1
1 año	-10
2 años	-10 + 20 = 10
3 años	-10 + 20 + 90 = 100
4 años	-10 + 20 + 90 + 40 = 140

El plazo de recuperación sin descuento es de 4 años.

Recuperado en	Proyecto 2
1 año	-30
2 años	-30 + 30 = 0
3 años	-30 + 30 + 170 = 170
4 años	-30 + 30 + 170 + 20 = 190
5 años	-30 + 30 +170 + 20 + 170 = 360

El plazo de recuperación sin descuento es de 5 años.

Recuperado en	Proyecto 3
1 año	90
2 años	90 + 60 = 150
3 años	90 + 60 + 250 = 400

El plazo de recuperación sin descuento es de 3 años.

Valor Actual Neto VAN

$$VF_1 = -10 + 20 + 90 + 40 + 80 = 220$$

$$VAN_1 = \frac{VF_1}{\left(1 + 0,06\right)^5} - 130 = \frac{220}{\left(1 + 0,06\right)^5} - 130 = 34,396$$

$$VF_2 = -30 + 30 + 170 + 20 + 170 = 360$$

$$VAN_2 = \frac{VF_2}{\left(1 + 0,06\right)^5} - 300 = \frac{360}{\left(1 + 0,06\right)^5} - 300 = -30,987$$

$$VF_3 = 90 + 60 + 250 + 80 + 160 = 640$$

$$VAN_3 = \frac{VF_3}{\left(1 + 0,06\right)^5} - 400 = \frac{640}{\left(1 + 0,06\right)^5} - 400 = 78,245$$

Tasa Interna de Rentabilidad TIR

$$VAN_1 = 0 \implies \frac{220}{(1+i_A)^5} - 130 = 0 \implies i_A = 0,11095$$

$$VAN_2 = 0 \implies \frac{360}{(1+i_B)^5} - 300 = 0 \implies i_B = 0,03713$$

$$VAN_3 = 0 \implies \frac{640}{(1+i_C)^5} - 400 = 0 \implies i_C = 0,09856$$

1. Clasifique los proyectos según los criterios del plazo de recuperación, el VAN y la TIR.

Plazo recuperación		VAN		TIR	
Proyecto 3	3 años	Proyecto 3	78,24	Proyecto 1	11%
Proyecto 1	4 años	Proyecto 1	34,39	Proyecto 3	9%
Proyecto 2	5 años	Proyecto 2	-30,9	Proyecto 2	3%

2. Indique la alternativa preferible si el coste del capital de la empresa es del 8%.

La alternativa preferible es el proyecto 1 cuya Tasa Interna de Rentabilidad TIR (11%) es superior al coste del capital de la empresa (8%).

Ejercicio 4

Una empresa está evaluando tres estrategias para la mejora de sus procesos. La estructura de costes de dichos procesos muestra en la tabla.

Proceso	Coste Fijo	Coste Variable
1	100.000 euros	50 euros
2	250.000 euros	20 euros
3	380.000 euros	10 euros

Determine:

1. Hasta qué volumen resulta más económico el proceso 1.

2. Para qué volumen de producción resulta más económico el proceso 2.

3. A cuanto deben ascender los costes fijos del proceso 2 para que el punto de indiferencia entre el proceso 1 y el proceso 2 se sitúe en 4.000 unidades.

4. El proceso que debe utilizar si el volumen de producción esperado es de 2.000 unidades. ¿Y si es de 20.000 unidades?

5. Que pasa si disminuyen los costes fijos del proceso 2.

Solución:

1. Hasta qué volumen resulta más económico el proceso 1.

$$CT_1 < CT_2 \quad \Rightarrow \quad 100.000 + 50\,V < 250.000 + 20\,V \quad \Rightarrow \quad V < 5.000$$

$$CT_1 < CT_3 \quad \Rightarrow \quad 100.000 + 50\,V < 380.000 + 10\,V \quad \Rightarrow \quad V < 7.000$$

$$CT_2 < CT_3 \quad \Rightarrow \quad 250.000 + 20\,V < 380.000 + 10\,V \quad \Rightarrow \quad V < 13.000$$

Para volúmenes de producción inferiores a 5.000 unidades el proceso 1 resulta el más económico.

2. Para qué volumen de producción resulta más económico el proceso 2.

$$CT_1 < CT_2 \quad \Rightarrow \quad 100.000 + 50\,V < 250.000 + 20\,V \quad \Rightarrow \quad V < 5.000$$

$$CT_1 < CT_3 \quad \Rightarrow \quad 100.000 + 50\,V < 380.000 + 10\,V \quad \Rightarrow \quad V < 7.000$$

$$CT_2 < CT_3 \quad \Rightarrow \quad 250.000 + 20\,V < 380.000 + 10\,V \quad \Rightarrow \quad V < 13.000$$

El proceso 2 resulta más económico para volúmenes de producción entre 5.000 y 13.000 unidades.

3. A cuanto deben ascender los costes fijos del proceso 2 para que el punto de indiferencia entre el proceso 1 y el proceso 2 se sitúe en 4.000 unidades.

$$CT_1 = CT_2$$

$$100.000 + (50 \times 4.000) = CF_2 + (20 \times 4.000) \quad \Rightarrow \quad CF_2 = 220.000 \text{ euros}$$

4. El proceso que debe utilizar si el volumen de producción esperado es de 2.000 unidades. ¿Y si es de 20.000 unidades?

$$CT_1 < CT_2 \quad \Rightarrow \quad 100.000 + 50\,V < 250.000 + 20\,V \quad \Rightarrow \quad V < 5.000$$

$$CT_1 < CT_3 \quad \Rightarrow \quad 100.000 + 50\,V < 380.000 + 10\,V \quad \Rightarrow \quad V < 7.000$$

$$CT_2 < CT_3 \quad \Rightarrow \quad 250.000 + 20\,V < 380.000 + 10\,V \quad \Rightarrow \quad V < 13.000$$

Para volúmenes de producción inferiores a 5.000 unidades el proceso 1 es el más económico $\Rightarrow$ Para 2.000 unidades el proceso más económico es el proceso 1.

Para volúmenes de producción superiores a 13.000 unidades el proceso 3 resulta el más económico $\Rightarrow$ Para 20.000 unidades el proceso más económico es el proceso 3.

5. Que pasa si disminuyen los costes fijos del proceso 2.

$$CT_1 < CT_2 \quad \Rightarrow \quad 100.000 + 50\,V < 250.000 + 20\,V \quad \Rightarrow \quad V_{12} < 5.000$$

$$CT_1 < CT_3 \quad \Rightarrow \quad 100.000 + 50\,V < 380.000 + 10\,V \quad \Rightarrow \quad V_{13} < 7.000$$

$$CT_2 < CT_3 \quad \Rightarrow \quad 250.000 + 20\,V < 380.000 + 10\,V \quad \Rightarrow \quad V_{23} < 13.000$$

Si los costes fijos del proceso 2 disminuyen, por ejemplo desde los 250.000 euros actuales a 220.000 euros:

$$CT_1 < CT_2 \quad \Rightarrow \quad 100.000 + 50\,V < 220.000 + 20\,V \quad \Rightarrow \quad V_{12} < 4.000$$

$$CT_1 < CT_3 \quad \Rightarrow \quad 100.000 + 50\,V < 380.000 + 10\,V \quad \Rightarrow \quad V_{13} < 7.000$$

$$CT_2 < CT_3 \quad \Rightarrow \quad 220.000 + 20\,V < 380.000 + 10\,V \quad \Rightarrow \quad V_{23} < 16.000$$

Sucede que disminuye V_{12} al tiempo que aumenta V_{23} dado que la recta de costes totales del proceso 2 se desplaza hacia abajo en el gráfico.

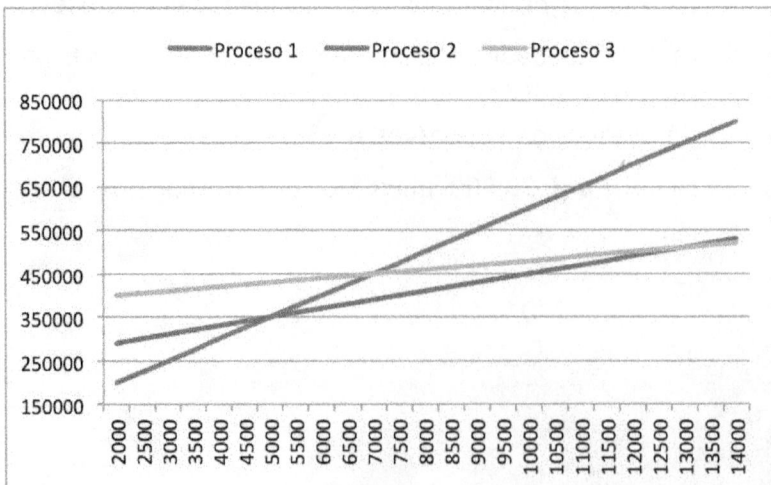

Ejercicio 5

Con la finalidad de hacer más competitiva una empresa, el director de la misma debe elegir entre dos nuevas máquinas. La máquina 1 tiene un coste mensual de 6.000 euros y un coste variable de 0,1 euros por unidad producida. La máquina 2 cuesta 3.000 euros al mes, siendo el coste por unidad 0,2 euros. Conociendo que el volumen actual de producción es de 200.000 unidades al mes, determine la máquina que debe comprar la empresa.

Solución:

$$CT = CF + CV = CF + c \cdot n$$

$$CT_1 = CF_1 + c_1 \cdot n = 6.000 + (0,1 \times 200.000) = 26.000 \text{ euros}$$

$$CT_2 = CF_2 + c_2 \cdot n = 3.000 + (0,2 \times 200.000) = 43.000 \text{ euros}$$

Dado que el coste total de la máquina 1 es inferior al de la máquina 2, el director de la empresa debe comprar la máquina 1.

Ejercicio 6

Una empresa está modernizando sus instalaciones de transporte interno, para ello puede instalar un sistema AGV o unos triciclos. En la tabla se recogen los flujos netos de caja esperados.

Año	Proyecto AGV	Proyecto Triciclos
1	100.000 euros	100.000 euros
2	120.000 euros	110.000 euros
3	150.000 euros	120.000 euros
4	100.000 euros	
5	130.000 euros	

El desembolso inicial del proyecto AGV es de 600.000 euros y 60.000 euros el requerido por el proyecto Triciclos. El tipo de descuento es del 10 %. Determine el proyecto preferible aplicando el criterio del valor actual neto, teniendo en cuenta que los flujos netos de caja obtenidos no serán reinvertidos, sino que permanecerán en la caja fuerte de la empresa hasta el final de la inversión.

Solución:

$$VF_{AGV} = 100.000 + 120.000 + 150.000 + 100.000 + 130.000 = 600.000$$

$$VAN_{AGV} = \frac{600.000}{(1+0,10)^5} - 600.000 = -227.447,21$$

$$VF_{Triciclos} = 100.000 + 110.000 + 120.000 = 330.000$$

$$VAN_{Triciclos} = \frac{330.000}{(1+0,10)^3} - 60.000 = 187.933,88$$

El proyecto preferible aplicando el criterio del VAN es el proyecto Triciclos dado que su VAN es positivo.

Ejercicio 7

Con el objetivo de incrementar su capacidad productiva una empresa dispone de dos alternativas, la propuesta 1 con un coste fijo de 100.000 euros y un coste variable unitario de 50 euros, y la alternativa 2 con un coste fijo de 75.000 euros y un coste variable unitario de 60 euros. El precio unitario de venta se ha fijado en 100 euros. Calcule:

1. El punto muerto de cada alternativa.

2. El volumen de producción para el que ambas alternativas resultan indiferentes.

Solución:

1. El punto muerto de cada alternativa.

$$\text{Alternativa 1} \quad \rightarrow \quad n = \frac{K}{p-c} = \frac{100.000}{100-50} = 2.000 \text{ unidades}$$

$$\text{Alternativa 2} \quad \rightarrow \quad n = \frac{K}{p-c} = \frac{75.000}{100-60} = 1.875 \text{ unidades}$$

2. El volumen de producción para el que ambas alternativas resultan indiferentes.

$$CT_1 = CT_2 \quad \rightarrow \quad 100.000 + 50 \cdot n = 75.000 + 60 \cdot n \quad \rightarrow \quad n = 2.500 \text{ unidades}$$

Ejercicio 8

Una empresa tiene un contrato para la fabricación de 100.000 unidades de su producto estrella. Dado que el próximo ejercicio se espera ampliar el contrato hasta 500.000 unidades, la empresa debe elegir una de las tres alternativas siguientes con la finalidad de incrementar la capacidad de producción, la alternativa 1 es una máquina de propósito general, la alternativa 2 un sistema de fabricación integrado, y la alternativa 3 una máquina especializada. Los costes de cada alternativa se muestran en la tabla.

	Máquina general	Sistema integrado	Máquina especializada
Costes fijos anuales	300.000	600.000	1.000.000
Coste variable unitario	20	15	10

Determine la alternativa que deberá elegir la empresa.

Solución:

Coste Total	
Máquina general	300.000 + (20 x 500.000) = 10.300.000
Sistema integrado	600.000 + (15 x 500.000) = 8.100.000
Máquina especial	1.000.000 + (10 x 500.000) = 6.000.000

La alternativa que resulta más económica es la máquina especial.

Ejercicio 9

Una máquina tiene un coste inicial de 3.000 euros y una vida útil de 6 años, siendo su valor residual 400 euros. Los gastos de operación ascienden a 100 euros al año y los ingresos a 600 euros al año. Calcule la TIR del proyecto de inversión sabiendo que los flujos de caja positivos serán reinvertidos hasta el final del proyecto a la tasa de interés del 2 % y los flujos de caja negativos serán financiados a un interés del 0% dado que su hermano está dispuesto a prestarle el dinero en caso necesario.

Solución:

			Año			
DI	1	2	3	4	5	6
Valor residual						400
Ingresos	600	600	600	600	600	600
Gastos	3.000	100	100	100	100	100	100
Flujo de caja	-3.000	500	500	500	500	500	500

$$VF = 500 \cdot (1+0,02)^5 + 500 \cdot (1+0,02)^4 + 500 \cdot (1+0,02)^3$$
$$+ 500 \cdot (1+0,02)^2 + 500 \cdot (1+0,02)^1 + 900 = 3.554,06$$

$$TIR \implies VAN = 0 \implies VAN = \frac{VF}{(1+i)^6} - 3.000 = 0$$

$$\frac{3.554,06}{(1+i)^6} - 3.000 = 0 \quad \rightarrow \quad i = 2,865 \%$$

Capítulo 3: Productividad

Ejercicio 1

El tiempo estándar asignado para la fabricación de una pieza es de **10 minutos**. Un operario en un turno de ocho horas ha fabricado **64 piezas**, determine:

1. La actividad a la que ha estado trabajando dicho operario.

2. En cuanto ha incrementado la productividad respecto a la estándar establecida.

Solución:

1. La actividad a la que ha estado trabajando dicho operario.

$$\frac{8}{64}\frac{\text{horas}}{\text{piezas}} \times \frac{60}{1}\frac{\min utos}{\text{hora}} = 7,5\frac{\min utos}{\text{pieza}}$$

$$10 = 7,5 \times \frac{A_\circ}{100} \quad \Rightarrow \quad A_\circ = 133,33$$

2. En cuanto ha incrementado la productividad respecto a la estándar establecida.

El operario ha incrementado la productividad un 33,33 % respeto a la estándar establecida.

Ejercicio 2

Una empresa contaba el ejercicio pasado con 30 operarios dedicados a la fabricación del producto P1 y 40 a la producción del producto P2, siendo la producción de P1 de 21.000 unidades y 28.000 de P2. Este ejercicio se han pasado 10 trabajadores dedicados a la fabricación de P2 a la producción de P1, con ello la producción de P1 ha sido de 30.000 unidades y 18.000 de P2. Sabiendo que no se ha modificado el número de horas trabajadas por cada operario, determine la variación de productividad surgida a raíz de la reasignación de la mano de obra de la empresa.

Solución:

	Productividad	
	Año pasado	Año actual
P1	$\dfrac{21.000 \text{ unidades}}{30 \text{ operarios}} = 700 \dfrac{\text{unidades}}{\text{operario}}$	$\dfrac{30.000 \text{ unidades}}{40 \text{ operarios}} = 750 \dfrac{\text{unidades}}{\text{operario}}$
P2	$\dfrac{28.000 \text{ unidades}}{40 \text{ operarios}} = 700 \dfrac{\text{unidades}}{\text{operario}}$	$\dfrac{18.000 \text{ unidades}}{30 \text{ operarios}} = 600 \dfrac{\text{unidades}}{\text{operario}}$

$$\Delta \text{ productividad de P1} = \frac{750 - 700}{700} \times 100 = 7,14\,\%$$

$$\Delta \text{ productividad de P2} = \frac{600 - 700}{700} \times 100 = -14,30\,\%$$

Ejercicio 3

En una empresa trabajan cuatro empleados además del empresario. Los cuatro empleados junto al empresario invierten 40 horas al día para fabricar 200 unidades. Determine:

1. La productividad.

2. El empresario ha mejorado el proceso de producción de tal forma que con el nuevo método la producción que se alcanza es de 250 unidades día. Determine la nueva productividad así como el incremento de productividad alcanzado con la mejora del método de trabajo.

Solución:

1. La productividad.

$$Pr\,oductividad = \frac{200\ unidades}{5\ hom\,bres \times 40\ horas} = 1\ \frac{unidad}{hh}$$

2. El empresario ha mejorado el proceso de producción de tal forma que con el nuevo método la producción que se alcanza es de 250 unidades día. Determine la nueva productividad así como el incremento de productividad alcanzado con la mejora del método de trabajo.

$$Nueva\ productividad = \frac{250\ unidades}{5\ hom\,bres \times 40\ horas} = 1,25\ \frac{unidades}{hh}$$

$$\Delta\ productividad = \frac{1,25 - 1}{1} \times 100 = 25\ \%$$

Ejercicio 4

1. Determine la productividad de un médico que tarda en promedio seis minutos en realizar el diagnóstico de sus pacientes.

2. Si el médico adquiere un cerebro electrónico dotado de un sistema experto en diagnóstico de enfermedades, el tiempo de diagnóstico se reduciría a la mitad. Sin embargo el médico tendrá que perder una hora diaria ajustando el cerebro de diagnóstico computerizado antes de poder usarlo con el objetivo de garantizar que no dará resultados erróneos. Evalúe el impacto en la productividad de la compra de dicho dispositivo.

Solución:

1. Determine la productividad de un médico que tarda en promedio seis minutos en realizar el diagnóstico de sus pacientes.

$$\text{Productividad} = \frac{1}{6}\frac{\text{diagnóstico}}{\text{minutos}} \times \frac{60}{1}\frac{\text{minutos}}{\text{hora}} \times \frac{8}{1}\frac{\text{horas}}{\text{días}} = 80\frac{\text{diagnósticos}}{\text{día}}$$

2. Si el médico adquiere un cerebro electrónico dotado de un sistema experto en diagnóstico de enfermedades, el tiempo de diagnóstico se reduciría a la mitad. Sin embargo el médico tendrá que perder una hora diaria ajustando el cerebro de diagnóstico computerizado antes de poder usarlo con el objetivo de garantizar que no dará resultados erróneos. Evalúe el impacto en la productividad de la compra de dicho dispositivo.

$$\text{Productividad} = \frac{1}{3}\frac{\text{diagnóstico}}{\text{minutos}} \times \frac{60}{1}\frac{\text{minutos}}{\text{hora}} \times \frac{7}{1}\frac{\text{horas}}{\text{día}} = 140\frac{\text{diagnósticos}}{\text{día}}$$

$$\Delta\text{Productividad} = \frac{140 - 80}{80} \times 100 = 75\ \%$$

El cerebro electrónico dotado de un sistema experto en diagnós-tico de enfermedades consigue incrementar la productividad en un 75%.

Ejercicio 5

El tiempo estándar de fabricación a ritmo normal ($A_N = 100$) de 100 unidades de un producto es de 40 horas hombre incluidos los suplementos del 25% por necesidades personales, fatiga básica y fatiga variable. Una posterior mejora del método de trabajo consigue reducir el tiempo normal en 12 horas, calcule la mejora de productividad alcanzada por el nuevo método de trabajo.

Solución:

$$\text{Pr oductividad} = \frac{100}{40} \frac{\text{unidades}}{\text{h h}} = 2,5 \frac{\text{unidades}}{\text{h h}}$$

$$T_t = T_N \cdot (1+k) \implies 40 = T_N \times (1+0,25) \implies T_N = \frac{40}{(1+0,25)} = 32 \text{ h h}$$

MÉTODO MEJORADO

$$T_N = 32 - 12 = 20 \text{ hh}$$

$$T_t = T_N \cdot (1+k) \implies T_t = 20 \times (1+0,25) = 25 \text{ h h}$$

$$\text{Pr oductividad} = \frac{100}{25} \frac{\text{unidades}}{\text{h h}} = 4 \frac{\text{unidades}}{\text{h h}}$$

$$\Delta \text{Pr oductividad} = \frac{4-2,5}{2,5} \times 100 = 60 \text{ \%}$$

Ejercicio 6

Una enfermera rural trabaja 12 horas diarias para atender 6 pacientes. Cambiando determinado material del que usa para realizar las curas a sus pacientes podría atender 8 pacientes por día. El coste del material de curas para cada paciente es de 5 euros, la compra diaria de material fungible asciende a 30 euros y los costes de combustible para su desplazamiento diario son de 15 euros por paciente.

1. Determine la productividad total actual, la productividad total con el nuevo material de curas y el incremento de productividad.

2. Evalúe el efecto que produce sobre la productividad total el incremento del coste del material de curas en 1 euro por paciente.

3. Determine cuanto puede aumentar el coste del material sin reducir la productividad total actual utilizando el nuevo material.

Solución:

1. Determine la productividad total actual, la productividad total con el nuevo material de curas y el incremento de productividad.

Gastos	Actual	Nuevo material
Material	$6\,\dfrac{\text{pacientes}}{\text{día}} \times 5\,\dfrac{\text{euros}}{\text{paciente}} = 30\,\dfrac{\text{euros}}{\text{día}}$	$8\,\dfrac{\text{pacientes}}{\text{día}} \times 5\,\dfrac{\text{euros}}{\text{paciente}} = 40\,\dfrac{\text{euros}}{\text{día}}$
Compras	30 euros/día	30 euros/día
Gasolina	$6\,\dfrac{\text{pacientes}}{\text{día}} \times 15\,\dfrac{\text{euros}}{\text{paciente}} = 90\,\dfrac{\text{euros}}{\text{día}}$	$8\,\dfrac{\text{pacientes}}{\text{día}} \times 15\,\dfrac{\text{euros}}{\text{paciente}} = 120\,\dfrac{\text{euros}}{\text{día}}$
TOTAL	150 euros/día	190 euros/día

$$\mathrm{Pr\,oductividad} = \frac{\mathrm{Output}}{\mathrm{Input}}$$

$$\mathrm{Pr\,oductividad\ actual} = \frac{6\ \mathrm{pacientes/día}}{150\ \mathrm{euros/día}} = 0{,}04\ \frac{\mathrm{pacientes}}{\mathrm{euro}}$$

$$\mathrm{Pr\,oductividad\ con\ nuevo\ material} = \frac{8\ \mathrm{pacientes/día}}{190\ \mathrm{euros/día}} = 0{,}0421\ \frac{\mathrm{pacientes}}{\mathrm{euro}}$$

$$\Delta\,\mathrm{Pr\,oductividad} = \frac{0{,}0421 - 0{,}04}{0{,}04} \times 100 = 5{,}26\ \%$$

2. Evalúe el efecto que produce sobre la productividad total el incremento del coste del material de curas en 1 euro por paciente.

Gastos	Nuevo material
Material	8 pacientes/día x 6 euros/ paciente = 48 euros/día
Compras	30 euros/día
Gasolina	8 pacientes/día x 15 euros/ paciente = 120 euros/día
TOTAL	198 euros/día

$$\text{Pr oductividad} = \frac{\text{Output}}{\text{Input}}$$

$$\text{Pr oductividad actual} = \frac{6 \text{ pacientes}/\text{día}}{150 \text{ euros}/\text{día}} = 0{,}04 \frac{\text{pacientes}}{\text{euro}}$$

$$\text{Pr oductividad con nuevo material} = \frac{8 \text{ pacientes}/\text{día}}{198 \text{ euros}/\text{día}} = 0{,}0404 \frac{\text{pacientes}}{\text{euro}}$$

$$\Delta \text{Pr oductividad} = \frac{0{,}0404 - 0{,}04}{0{,}04} \times 100 = 1{,}01 \%$$

El incremento de productividad se reduce notablemente.

3. **Determine cuanto puede aumentar el coste del material sin reducir la productividad total actual utilizando el nuevo material.**

$$Pr\,oductividad = \frac{Output}{Input}$$

$$Pr\,oductividad\ actual = \frac{6\ pacientes/día}{150\ euros/día} = 0,04\ \frac{pacientes}{euro}$$

$$Pr\,oductividad\ con\ nuevo\ material = \frac{8}{(8 \cdot x + 150)}\ \frac{pacientes/día}{euros/día}$$

$$Pr\,oductividad\ actual = Pr\,oductividad\ con\ nuevo\ material$$

$$0,04\ \frac{pacientes}{euro} = \frac{8}{(8 \cdot x + 150)}\ \frac{pacientes/día}{euros/día} \quad \Rightarrow \quad x = 6,25\ \frac{euros}{paciente}$$

El coste de los materiales puede aumentar en 6,25 – 5 = 1,25 euros por paciente sin reducir la productividad total actual.

Capítulo 4: Distribución en planta

Ejercicio 1

Dadas las siguientes tareas, desarrolle una línea equilibrada capaz de operar con un tiempo de ciclo de diez minutos y determine la eficiencia de la línea.

Tarea	Tiempo de realización (minutos)	La tarea debe suceder a la tarea
A	5	
B	7	A
C	5	
D	3	B
E	8	A, C
F	3	C
G	6	F

Solución:

Diagrama de precedencias

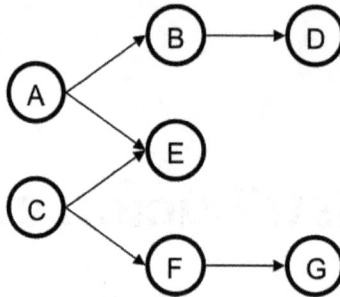

Iteración 1 – Estación 1 disponible 10 minutos	
Listado de operaciones	A – B – C – D – E – F – G
Listado SIN operaciones que:	
Ya están asignadas	A – B – C – D – E – F – G
No tengan satisfecha la precedencia	A – C
No tengan un tiempo adecuado	A – C
Asigna	**Tarea A a la estación 1**
Quedan disponibles en la estación	**10 – 5 = 5 minutos**

Dado que no hay ninguna tarea asignada al ser la primera iteración, el listado sin las operaciones que ya están asignadas se corresponde con el listado de operaciones.

De las tareas que configuran el listado sin las operaciones que ya están asignadas, las únicas que tienen satisfecha la relación de precedencia son la A y la C, las restantes no tienen satisfecha dicha relación por tanto no aparecen en el listado sin las operaciones que no tengan satisfecha la precedencia. Cualquiera de las dos tareas A o C puede asignarse a la primera estación de trabajo, se elige la tarea A.

Del anterior listado debe eliminar las tareas que no tengan un tiempo disponible adecuado para la estación de trabajo, dado que tanto la tarea A como la C tienen un tiempo disponible de 5 minutos inferior al adecuado para la estación de trabajo que es de 10 minutos, el listado sin operaciones que no tengan un tiempo adecuado se corresponde con el listado sin operaciones que no tengan satisfecha la precedencia.

Iteración 2 – Estación 1 disponible 5 minutos	
Listado de operaciones	A – B – C – D – E – F – G
Listado SIN operaciones que:	
Ya están asignadas	B – C – D – E – F – G
No tengan satisfecha la precedencia	B – C
No tengan un tiempo adecuado	C
Asigna	**Tarea C a la estación 1**
Quedan disponibles en la estación	**10 – 5 – 5 = 0 minutos**

El listado sin las operaciones que ya están asignadas se corresponde con el listado de operaciones al cual hay que eliminar la tarea A que ha sido asignada en la primera iteración.

De las tareas que configuran el listado sin las operaciones que ya están asignadas, las únicas que tienen satisfecha la relación de precedencia son la B y la C, las restantes no tienen satisfecha dicha relación por tanto no aparecen en el listado sin las operaciones que no tengan satisfecha la precedencia.

El listado sin operaciones que no tengan un tiempo adecuado se corresponde con el listado sin operaciones que no tengan satisfecha la precedencia después de eliminar del mismo la tarea B dado que su tiempo realización de 7 minutos no es adecuado para la estación de trabajo cuyo tiempo disponible es de 5 minutos.

Iteración 3 – Estación 2 disponible 10 minutos	
Listado de operaciones	A – B – C – D – E – F – G
Listado SIN operaciones que:	
Ya están asignadas	B – D – E – F – G
No tengan satisfecha la precedencia	B – E – F
No tengan un tiempo adecuado	B – E – F
Asigna	**Tarea B a la estación 2**
Quedan disponibles en la estación	**10 – 7 = 3 minutos**

Las operaciones A y C ya están asignadas. Solo tienen satisfecha la relación de precedencia las tareas B, E y F. Las tres operaciones tienen un tiempo de realización inferior al disponible en la estación de trabajo, cualquiera de las tres tareas puede ser asignada a la segunda estación.

Iteración 4 – Estación 2 disponible 3 minutos	
Listado de operaciones	A – B – C – D – E – F – G
Listado SIN operaciones que:	
Ya están asignadas	D – E – F – G
No tengan satisfecha la precedencia	D – E – F
No tengan un tiempo adecuado	D – F
Asigna	**Tarea D a la estación 2**
Quedan disponibles en la estación	**10 – 7 – 3 = 0 minutos**

Las operaciones A, B y C ya están asignadas. Solo tienen satisfecha la relación de precedencia las tareas D, E y F. El tiempo de realización de la tarea E es superior al disponible en la estación de trabajo. Las dos operaciones restantes D y F tienen un tiempo de realización igual al disponible en la estación de trabajo, cualquiera de las dos tareas puede ser asignada a la segunda estación.

Iteración 5 – Estación 3 disponible 10 minutos	
Listado de operaciones	A – B – C – D – E – F – G
Listado SIN operaciones que:	
Ya están asignadas	E – F – G
No tengan satisfecha la precedencia	E – F
No tengan un tiempo adecuado	E – F
Asigna	**Tarea E a la estación 3**
Quedan disponibles en la estación	**10 – 8 = 2 minutos**

Las operaciones A, B, C y D ya están asignadas. Solo tienen satisfecha la relación de precedencia las tareas E y F. Las dos operaciones E y F tienen un tiempo de realización inferior al disponible en la estación de trabajo, cualquiera de las dos puede ser asignada a la tercera estación.

Iteración 6 – Estación 3 disponible 2 minutos	
Listado de operaciones	A – B – C – D – E – F – G
Listado SIN operaciones que:	
Ya están asignadas	F – G
No tengan satisfecha la precedencia	F
No tengan un tiempo adecuado	F
Asigna	
Quedan disponibles en la estación	

La única tarea disponible F tiene un tiempo de realización de 3 minutos superior al tiempo disponible en la estación de trabajo de solo 2 minutos, no puede ser asignada a dicha estación.

Iteración 7 – Estación 4 disponible 10 minutos	
Listado de operaciones	A – B – C – D – E – F – G
Listado SIN operaciones que:	
Ya están asignadas	F – G
No tengan satisfecha la precedencia	F
No tengan un tiempo adecuado	F
Asigna	**Tarea F a la estación 4**
Quedan disponibles en la estación	**10 – 3 = 7 minutos**

Iteración 8 – Estación 4 disponible 7 minutos	
Listado de operaciones	A – B – C – D – E – F – G
Listado SIN operaciones que:	
Ya están asignadas	G
No tengan satisfecha la precedencia	G
No tengan un tiempo adecuado	G
Asigna	**Tarea G a la estación 4**
Quedan disponibles en la estación	**10 – 3 – 6 = 1 minuto**

La asignación resultante se muestra en el gráfico siguiente:

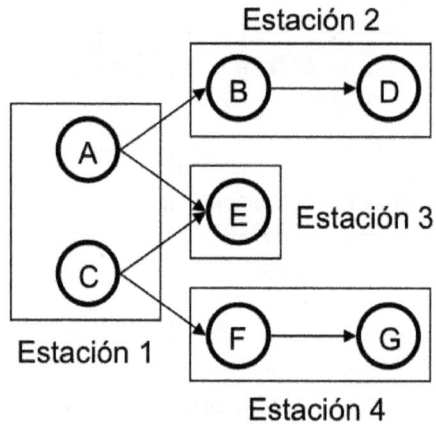

Ejercicio 2

La fabricación de un nuevo producto se ha dividido en seis elementos.

Elemento	Tiempo de realización (segundos)	Predecesor
A	5	
B	5	A
C	10	A
D	5	A
E	5	B, C
F	10	D, E

Conociendo que la empresa trabaja diariamente un solo turno de ocho horas y que la demanda semanal estimada de dicho producto es de 7.200 unidades, determine:

1. **Diagrama de precedencias.**

2. **El tiempo de ciclo.**

3. **Número mínimo teórico de estaciones de trabajo.**

4. **Asigne las tareas a las estaciones de trabajo.**

5. **El tiempo de inactividad de cada ciclo.**

6. **La eficiencia global de la línea de montaje con 2 y con 3 estaciones de trabajo respectivamente.**

Solución:

1. Diagrama de precedencias.

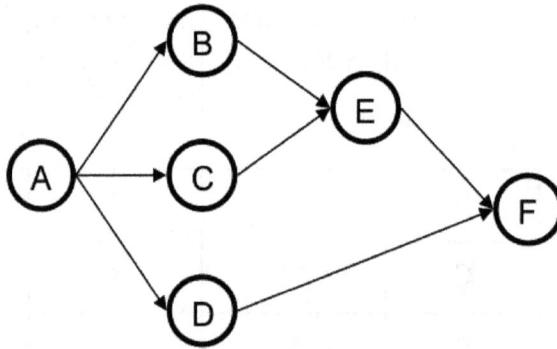

2. El tiempo de ciclo.

$$\text{Tiempo de ciclo} = \frac{\text{Tiempo de producción disponible por semana}}{\text{Demanda semanal de unidades}}$$

$$\text{Tiempo de ciclo} = \frac{40 \text{ horas}}{7.200 \text{ unidades}} \text{ x } \frac{3.600 \text{ segundos}}{1 \text{ hora}} = 20 \frac{\text{segundos}}{\text{unidad}}$$

3. Número mínimo teórico de estaciones de trabajo.

$$\text{Número mínimo de estaciones} = \frac{\displaystyle\sum_{j=1}^{n} \text{Tiempo para la tarea j}}{\text{Tiempo de ciclo}}$$

$$\text{Número mínimo de estaciones} = \frac{40 \text{ segundos}}{20 \dfrac{\text{segundos}}{\text{estación}}} = 2 \text{ estaciones}$$

4. Asigne las tareas a las estaciones de trabajo.

Iteración 1 – Estación 1 disponible 20 segundos	
Listado de operaciones	A – B – C – D – E – F
Listado SIN operaciones que:	
Ya están asignadas	A – B – C – D – E – F
No tengan satisfecha la precedencia	A
No tengan un tiempo adecuado	A
Asigna	**Tarea A a la estación 1**
Quedan disponibles en la estación	**20 – 5 = 15 segundos**

Dado que no hay ninguna tarea asignada al ser la primera iteración, el listado sin las operaciones que ya están asignadas se corresponde con el listado de operaciones.

De las tareas que configuran el listado sin las operaciones que ya están asignadas, la única que tienen satisfecha la relación de precedencia es la A, las restantes no tienen satisfecha dicha relación por tanto no aparecen en el listado sin las operaciones que no tengan satisfecha la precedencia.

Del anterior listado debe eliminar las tareas que no tengan un tiempo disponible adecuado para la estación de trabajo, dado que la tarea A tiene un tiempo inferior al adecuado para la estación de trabajo que es de 20 segundos, el listado sin operaciones que no tengan un tiempo adecuado se corresponde con el listado sin operaciones que no tengan satisfecha la precedencia.

Iteración 2 – Estación 1 disponible 15 segundos	
Listado de operaciones	A – B – C – D – E – F
Listado SIN operaciones que:	
Ya están asignadas	B – C – D – E – F
No tengan satisfecha la precedencia	B – C – D
No tengan un tiempo adecuado	B – C – D
Asigna	**Tarea D a la estación 1**
Quedan disponibles en la estación	**20 – 5 – 5 = 10 segundos**

El listado sin las operaciones que ya están asignadas se corresponde con el listado de operaciones al cual hay que eliminar la tarea A que ha sido asignada en la primera iteración.

De las tareas que configuran el listado sin las operaciones que ya están asignadas, las únicas que tienen satisfecha la relación de precedencia son B, C y D, las restantes no tienen satisfecha dicha relación por tanto no aparecen en el listado sin las operaciones que no tengan satisfecha la precedencia. Cualquiera de las tres tareas B, C o D puede asignarse a la primera estación de trabajo, se elige la D.

El listado sin operaciones que no tengan un tiempo adecuado se corresponde con el listado sin operaciones que no tengan satisfecha la precedencia dado que el tiempo de realización de cualquiera de ellas es inferior al disponible en la estación de trabajo.

Iteración 3 – Estación 1 disponible 10 segundos	
Listado de operaciones	A – B – C – D – E – F
Listado SIN operaciones que:	
Ya están asignadas	B – C – E – F
No tengan satisfecha la precedencia	B – C
No tengan un tiempo adecuado	B – C
Asigna	**Tarea C a la estación 1**
Quedan disponibles en la estación	**20 – 5 – 5 – 10= 0 segundos**

Las operaciones A y D ya están asignadas. Solo tienen satisfecha la relación de precedencia las tareas B y C. Las dos operaciones tienen un tiempo de realización igual o inferior al disponible en la estación de trabajo, cualquiera de las dos tareas puede ser asignada a la primera estación.

Iteración 4 – Estación 2 disponible 20 segundos	
Listado de operaciones	A – B – C – D – E – F
Listado SIN operaciones que:	
Ya están asignadas	B – E – F
No tengan satisfecha la precedencia	B
No tengan un tiempo adecuado	B
Asigna	**Tarea B a la estación 2**
Quedan disponibles en la estación	**20 – 5 = 15 segundos**

Las operaciones A, C y D ya están asignadas. Solo tiene satisfecha la relación de precedencia la tarea B. Dicha operación tiene un tiempo de realización inferior al disponible en la estación de trabajo, por lo que debe ser asignada a la segunda estación.

Iteración 5 – Estación 2 disponible 15 segundos	
Listado de operaciones	A – B – C – D – E – F
Listado SIN operaciones que:	
Ya están asignadas	E – F
No tengan satisfecha la precedencia	E
No tengan un tiempo adecuado	E
Asigna	**Tarea E a la estación 2**
Quedan disponibles en la estación	**20 – 5 – 5 = 10 segundos**

Las operaciones A, B, C y D ya están asignadas. Solo tiene satisfecha la relación de precedencia la tarea E. La operación E tiene un tiempo de realización inferior al disponible en la estación de trabajo, debe pues ser asignada a la segunda estación.

Iteración 6 – Estación 2 disponible 10 segundos	
Listado de operaciones	A – B – C – D – E – F
Listado SIN operaciones que:	
Ya están asignadas	F
No tengan satisfecha la precedencia	F
No tengan un tiempo adecuado	F
Asigna	**Tarea F a la estación 2**
Quedan disponibles en la estación	**20 – 5 – 5 – 10 = 0 segundos**

La única tarea con la relación de precedencia satisfecha F tiene un tiempo de realización de 10 minutos, tiempo igual al disponible en la estación de trabajo por lo que debe ser asignada a dicha estación.

La asignación resultante se muestra en el gráfico siguiente:

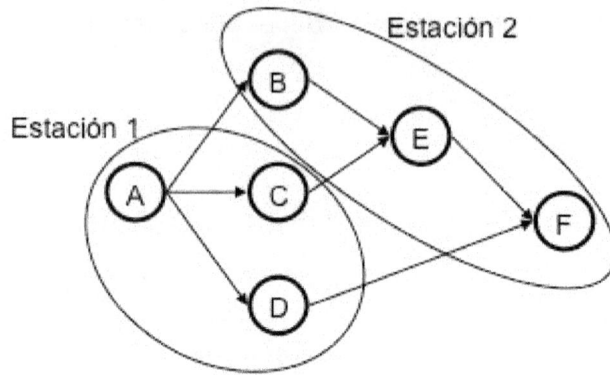

5. El tiempo de inactividad de cada ciclo.

$$\text{Tiempo ocioso total} = \left(\text{número de estaciones} \times \text{tiempo de ciclo}\right) - \sum_{j=1}^{n} \text{Tiempo para la tarea } j$$

$$\text{Tiempo ocioso total} = \left(2 \times 20\right) - 40 = 0 \text{ segundos}$$

6. **La eficiencia global de la línea de montaje con 2 y con 3 estaciones de trabajo respectivamente.**

$$\text{Eficiencia} = \frac{\sum_{j=1}^{n} \text{Tiempo para la tarea } j}{\text{número de estaciones} \times \text{tiempo de ciclo}} \times 100$$

$$\text{Eficiencia} = \frac{40 \text{ segundos}}{2 \text{ estaciones} \times 20 \text{ segundos}} \times 100 = 100\,\%$$

$$\text{Eficiencia} = \frac{40 \text{ segundos}}{3 \text{ estaciones} \times 20 \text{ segundos}} \times 100 = 67\,\%$$

Ejercicio 3

Suponga que los trámites requeridos para la renovación del permiso de conducción requieren pasar por cuatro puestos con el objetivo de completar el proceso. Los datos correspondientes al último mes se muestran en la tabla.

	1	2	3	4
	Formularios	Examen de la vista	Examen médico	Verificación y pago
1		4.000	6.000	5.000
2			4.000	6.000
3		6.000		4.000
4				

En la tabla puede verse como 5.000 personas ya llevaban el certificado médico correspondiente por lo que directamente del puesto de formularios pasaron al de verificación y pago. El layout empleado en el mes pasado se muestra en la figura.

1	2	3	4

Sabiendo que la distancia entre centros de departamentos es de 10 pasos, halle:

1. El coste del layout empleado el mes pasado.

2. Un layout mejorado y evalúe su coste.

Solución:

1. El coste del layout empleado el mes pasado.

Coste = (4000 x 10) + (6000 x 20) + (5000 x 30) + (4000 x 10) + (6000 x 20) + (6000 x 10) + (4000 x 10) = 570.000 pasos.

2. Un layout mejorado y evalúe su coste.

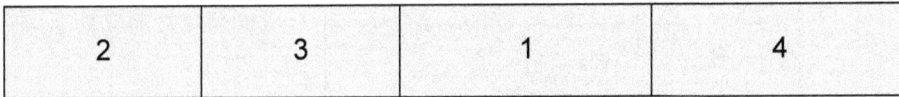

2	3	1	4

Coste = (4000 x 20) + (6000 x 10) + (5000 x 10) + (4000 x 10) + (6000 x 30) + (6000 x 10) + (4000 x 20) = 550.000 pasos.

Ejercicio 4

Las tareas requeridas para el ensamblado de un determinado producto se muestran en la tabla. La empresa trabaja diariamente en un solo turno de ocho horas, siendo la demanda media diaria de 40 unidades.

Actividad	Tiempo de operación (segundos)	Actividades anteriores
A	5	
B	7	
C	4	A, B
D	8	C
E	3	C
F	9	D, E

1. Dibuje el diagrama de precedencias.

2. Calcule el tiempo de ciclo de esta operación y el número mínimo teórico de estaciones de trabajo.

3. Asigne las tareas a las estaciones de trabajo.

4. Halle el tiempo total de inactividad diario y la eficiencia de la línea de montaje.

Solución:

1. Dibuje el diagrama de precedencias.

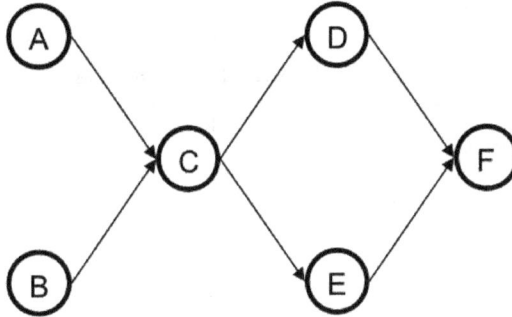

2. Calcule el tiempo de ciclo de esta operación y el número mínimo teórico de estaciones de trabajo.

$$\text{Tiempo de ciclo} = \frac{\text{Tiempo de producción disponible por día}}{\text{Demanda diaria de unidades}}$$

$$\text{Tiempo de ciclo} = \frac{480 \text{ minutos}}{40 \text{ unidades}} = 12 \frac{\text{minutos}}{\text{unidades}}$$

$$\text{Número mínimo de estaciones} = \frac{\sum_{j=1}^{n} \text{Tiempo para la tarea } j}{\text{Tiempo de ciclo}}$$

$$\text{Número mínimo de estaciones} = \frac{36 \text{ minutos}}{12 \dfrac{\text{minutos}}{\text{estación}}} = 3 \text{ estaciones}$$

3. Asigne las tareas a las estaciones de trabajo.

Iteración 1 – Estación 1 disponible 12 minutos	
Listado de operaciones	A – B – C – D – E – F
Listado SIN operaciones que:	
Ya están asignadas	A – B – C – D – E – F
No tengan satisfecha la precedencia	A – B
No tengan un tiempo adecuado	A – B
Asigna	**Tarea A a la estación 1**
Quedan disponibles en la estación	**12 – 5 = 7 minutos**

Dado que no hay ninguna tarea asignada al ser la primera iteración, el listado sin las operaciones que ya están asignadas se corresponde con el listado de operaciones.

De las tareas que configuran el listado sin las operaciones que ya están asignadas, solo las tareas A y B tienen satisfecha la relación de precedencia, las restantes no tienen satisfecha dicha relación por tanto no aparecen en el listado sin las operaciones que no tengan satisfecha la precedencia.

Del anterior listado debe eliminar las tareas que no tengan un tiempo disponible adecuado para la estación de trabajo, dado que las tareas A y B tienen un tiempo inferior al adecuado para la estación de trabajo que es de 12 minutos, el listado sin operaciones que no tengan un tiempo adecuado se corresponde con el listado sin operaciones que no tengan satisfecha la precedencia. Cualquiera de las dos tareas A o B puede asignarse a la primera estación de trabajo.

Iteración 2 – Estación 1 disponible 7 minutos	
Listado de operaciones	A – B – C – D – E – F
Listado SIN operaciones que:	
Ya están asignadas	A – B – C – D – E – F
No tengan satisfecha la precedencia	B
No tengan un tiempo adecuado	B
Asigna	**Tarea B a la estación 1**
Quedan disponibles en la estación	**12 – 5 – 7 = 0 minutos**

El listado sin las operaciones que ya están asignadas se corresponde con el listado de operaciones al cual hay que eliminar la tarea A que ha sido asignada en la primera iteración.

De las tareas que configuran el listado sin las operaciones que ya están asignadas, la única que tiene satisfecha la relación de precedencia es la B, las restantes no tienen satisfecha dicha relación por tanto no aparecen en el listado sin las operaciones que no tengan satisfecha la precedencia.

El listado sin operaciones que no tengan un tiempo adecuado se corresponde con el listado sin operaciones que no tengan satisfecha la precedencia dado que el tiempo de realización de la tarea B es igual al tiempo disponible en la estación de trabajo.

Iteración 3 – Estación 2 disponible 12 minutos	
Listado de operaciones	A – B – C – D – E – F
Listado SIN operaciones que:	
Ya están asignadas	C – D – E – F
No tengan satisfecha la precedencia	C
No tengan un tiempo adecuado	C
Asigna	**Tarea C a la estación 2**
Quedan disponibles en la estación	**12 – 4 = 8 minutos**

Las operaciones A y B ya están asignadas. Solo tiene satisfecha la relación de precedencia la tarea C. La tarea C tiene un tiempo de realización inferior al disponible en la estación de trabajo, por lo que debe ser asignada a la segunda estación.

Iteración 4 – Estación 2 disponible 8 minutos	
Listado de operaciones	A – B – C – D – E – F
Listado SIN operaciones que:	
Ya están asignadas	D – E – F
No tengan satisfecha la precedencia	D – E
No tengan un tiempo adecuado	D – E
Asigna	**Tarea D a la estación 2**
Quedan disponibles en la estación	**12 – 4 – 8 = 0 minutos**

Las operaciones A, B y C ya están asignadas. Solo tienen satisfecha la relación de precedencia las tareas D y E. Dichas tareas tienen un tiempo de realización igual o inferior al disponible en la estación de trabajo, por lo que cualquiera de ellas puede ser asignada a la segunda estación.

Iteración 5 – Estación 3 disponible 12 minutos	
Listado de operaciones	A – B – C – D – E – F
Listado SIN operaciones que:	
Ya están asignadas	E – F
No tengan satisfecha la precedencia	E
No tengan un tiempo adecuado	E
Asigna	**Tarea E a la estación 3**
Quedan disponibles en la estación	**12 – 3 = 9 minutos**

Las operaciones A, B, C y D ya están asignadas. Solo tiene satisfecha la relación de precedencia la tarea E. La operación E tiene un tiempo de realización inferior al disponible en la estación de trabajo, debe pues ser asignada a la tercera estación.

Iteración 6 – Estación 3 disponible 9 minutos	
Listado de operaciones	A – B – C – D – E – F
Listado SIN operaciones que:	
Ya están asignadas	F
No tengan satisfecha la precedencia	F
No tengan un tiempo adecuado	F
Asigna	**Tarea F a la estación 3**
Quedan disponibles en la estación	**12 – 3 – 9 = 0 minutos**

La única tarea con la relación de precedencia satisfecha F tiene un tiempo de realización de 9 minutos, tiempo igual al disponible en la estación de trabajo por lo que debe ser asignada a dicha estación.

La asignación resultante se muestra en el gráfico siguiente:

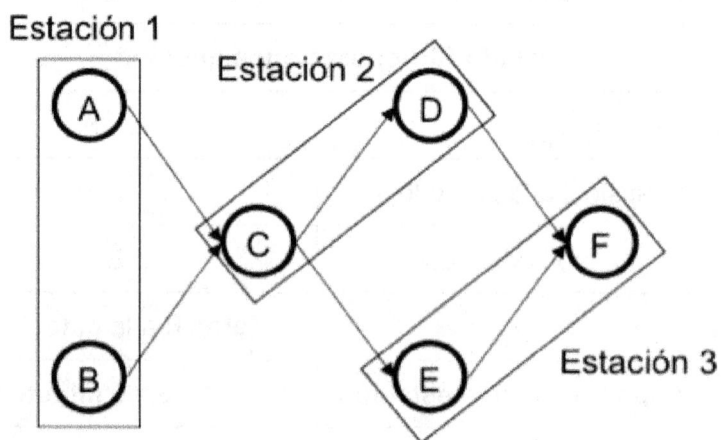

4. Halle el tiempo total de inactividad diario y la eficiencia de la línea de montaje.

$$\text{Tiempo ocioso total} = \left(\text{número de estaciones} \times \text{tiempo de ciclo}\right) - \sum_{j=1}^{n} \text{Tiempo para la tarea } j$$

$$\text{Tiempo ocioso total} = \left(3 \text{ estaciones} \times 12 \text{ minutos}\right) - 36 \text{ minutos} = 0 \text{ minutos}$$

$$\text{Eficiencia} = \frac{\displaystyle\sum_{j=1}^{n} \text{Tiempo para la tarea } j}{\text{número de estaciones} \times \text{tiempo de ciclo}} \times 100$$

$$\text{Eficiencia} = \frac{36 \text{ minutos}}{3 \text{ estaciones} \times 12 \text{ minutos}} \times 100 = 100 \%$$

Ejercicio 5

El layout actual de un hospital se muestra en la figura.

1 Admisiones	2 Consultas 1	3 Consultas 2	4 Radiodiagnóstico

5 Laboratorio	6 Quirófano 1	7 Quirófano 2	8 Reanimación

El número mensual de desplazamientos de pacientes entre las distintas salas se expone en la tabla.

	1	2	3	4	5	6	7	8
1		70	70					
2				30	20			
3				20	20			
4		10	10		20			
5						20	20	
6								20
7								20
8								

La sala de admisiones no puede cambiar su ubicación física. La distancia entre centros de salas adyacentes es de 10 metros, se asume que las salas en diagonal son adyacentes. Diseñe el layout que mejore la eficiencia del hospital en términos de flujo de pacientes.

1. Represente simbólicamente el layout actual indicando en el gráfico los desplazamientos de pacientes y calcule el desplazamiento total de pacientes en metros.

2. Determine un nuevo layout que reduzca la distancia actual recorrida por los pacientes. Calcule el desplazamiento total de pacientes en metros de la nueva solución.

Solución:

1. Represente simbólicamente el layout actual indicando en el gráfico los desplazamientos de pacientes y calcule el desplazamiento total de pacientes en metros.

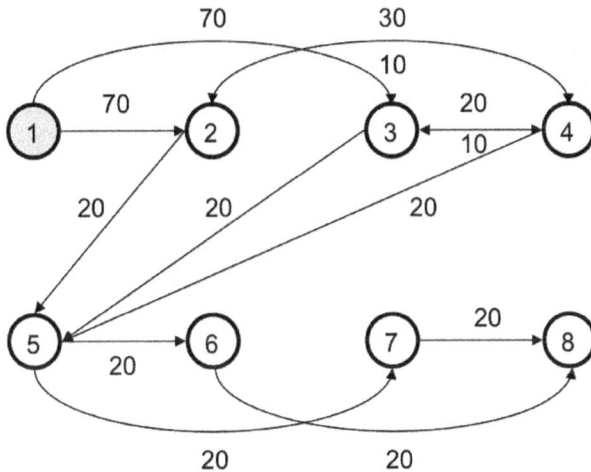

Coste = (70 x 10) + (70 x 20) + (30 x 20) + (20 x 10) + (20 x 10) + (20 x 20) + (10 x 20) + (10 x 10) + (20 x 30) + (20 x 10) + (20 x 20) + (20 x 20) + (20 x 10) = 5.600 metros

2. **Determine un nuevo layout que reduzca la distancia actual recorrida por los pacientes. Calcule el desplazamiento total de pacientes en metros de la nueva solución.**

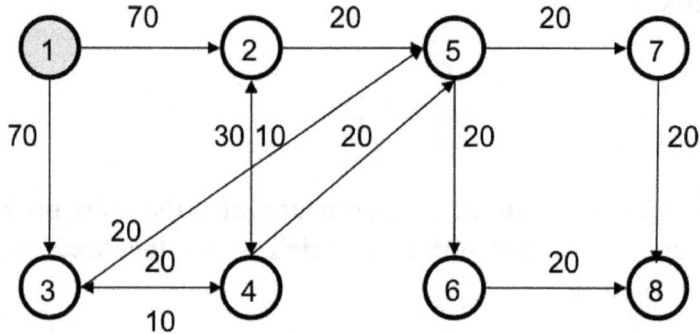

Coste = (70 x 10) + (70 x 10) + (30 x 10) + (20 x 10) + (20 x 10) + (20 x 20) + (10 x 10) + (10 x 10) + (20 x 10) + (20 x 10) + (20 x 10) + (20 x 10) + (20 x 10) = 3.700 metros

Ejercicio 6

La fabricación de un producto requiere las ocho tareas que se recogen en la tabla. Diariamente se dispone de 480 minutos para fabricar dicho producto, siendo la demanda diaria de 60 unidades. La información de las tareas es la siguiente:

Actividad	Tiempo de realización (minutos)	Sigue a la tarea
A	1	
B	3	A
C	3	A
D	2	B
E	4	B
F	1	D, E
G	2	C
H	5	F, G

1. Dibuje el diagrama de precedencias.

2. Asigne las tareas al mínimo número posible de estaciones de trabajo de acuerdo con la heurística consistente en elegir de entre las tareas disponibles la que la suma del tiempo de realización de la tarea y los tiempos de realización de cada una de las tareas que le suceden sea mayor.

3. Determine la eficiencia del proceso y el tiempo muerto por ciclo.

Solución:

1. Dibuje el diagrama de precedencias.

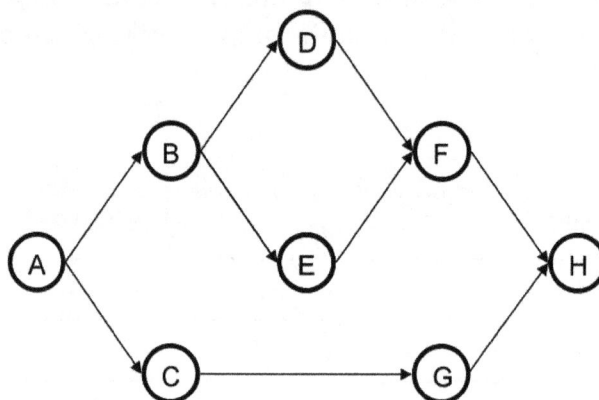

2. Asigne las tareas al mínimo número posible de estaciones de trabajo de acuerdo con la heurística consistente en elegir de entre las tareas disponibles la que la suma del tiempo de realización de la tarea y los tiempos de realización de cada una de las tareas que le suceden sea mayor.

$$\text{Tiempo de ciclo} = \frac{\text{Tiempo de producción disponible por día}}{\text{Demanda diaria de unidades}}$$

$$\text{Tiempo de ciclo} = \frac{480 \text{minutos}}{60 \text{unidades}} = 8 \frac{\text{minutos}}{\text{unidad}}$$

$$\text{Número mínimo de estaciones} = \frac{\sum\limits_{j=1}^{n} \text{Tiempo para la tarea } j}{\text{Tiempo de ciclo}}$$

$$\text{Número mínimo de estaciones} = \frac{21 \text{ minutos}}{8 \dfrac{\text{minutos}}{\text{estación}}} = 2{,}63 \text{ estaciones} \rightarrow 3 \text{ estaciones}$$

Iteración 1 – Estación 1 disponible 8 minutos	
Listado de operaciones	A – B – C – D – E – F – G – H
Listado SIN operaciones que:	
Ya están asignadas	A – B – C – D – E – F – G – H
No tengan satisfecha la precedencia	A
No tengan un tiempo adecuado	A
Asigna	**Tarea A a la estación 1**
Quedan disponibles en la estación	**8 – 1 = 7 minutos**

Dado que no hay ninguna tarea asignada al ser la primera iteración, el listado sin las operaciones que ya están asignadas se corresponde con el listado de operaciones.

De las tareas que configuran el listado sin las operaciones que ya están asignadas, solo la tarea A tiene satisfecha la relación de precedencia, las restantes no tienen satisfecha dicha relación por tanto no aparecen en el listado sin las operaciones que no tengan satisfecha la precedencia.

Del anterior listado debe eliminar las tareas que no tengan un tiempo disponible adecuado para la estación de trabajo, dado que la tarea A tienen un tiempo inferior al adecuado para la estación de trabajo que es de 8 minutos, el listado sin operaciones que no tengan un tiempo adecuado se corresponde con el listado sin operaciones que no tengan satisfecha la precedencia.

Iteración 2 – Estación 1 disponible 7 minutos	
Listado de operaciones	A – B – C – D – E – F – G – H
Listado SIN operaciones que:	
Ya están asignadas	B – C – D – E – F – G – H
No tengan satisfecha la precedencia	B – C
No tengan un tiempo adecuado	B – C
Asigna	**Tarea B a la estación 1**
Quedan disponibles en la estación	**8 – 1 – 3 = 4 minutos**

El listado sin las operaciones que ya están asignadas se corresponde con el listado de operaciones al cual hay que eliminar la tarea A que ha sido asignada en la primera iteración.

De las tareas que configuran el listado sin las operaciones que ya están asignadas, solo las tareas B y C tienen satisfecha la relación de precedencia, las restantes no tienen satisfecha dicha relación por tanto no aparecen en el listado sin las operaciones que no tengan satisfecha la precedencia.

El listado sin operaciones que no tengan un tiempo adecuado se corresponde con el listado sin operaciones que no tengan satisfecha la precedencia dado que el tiempo de realización de las tareas B y C es inferior al tiempo disponible en la estación de trabajo.

De las tareas disponibles B y C elija aquella cuya suma del tiempo de realización de la misma y los tiempos de realización de cada una de las tareas que le suceden sea mayor, en aplicación de la heurística que se solicita en el enunciado del ejercicio.

Tarea	Tareas sucesoras	Tiempo de realización tarea más tareas sucesoras
B	D – E – F – H	3 + 2 + 4 + 1 + 5 = 15
C	G – H	3 + 2 + 5 = 10

En aplicación de la heurística asigne la tarea B a la estación de trabajo.

Iteración 3 – Estación 1 disponible 4 minutos	
Listado de operaciones	A – B – C – D – E – F – G – H
Listado SIN operaciones que:	
Ya están asignadas	C – D – E – F – G – H
No tengan satisfecha la precedencia	B – C – E
No tengan un tiempo adecuado	B – C – E
Asigna	**Tarea E a la estación 1**
Quedan disponibles en la estación	**8 – 1 – 3 – 4 = 0 minutos**

Las operaciones A y B ya están asignadas. Solo tienen satisfecha la relación de precedencia las tareas C, D y E. Las tareas C, D y E tienen un tiempo de realización igual o inferior al disponible en la estación de trabajo, por lo que una de ellas debe ser asignada a la primera estación.

De las tareas disponibles C, D y E elija aquella cuya suma del tiempo de realización de la misma y los tiempos de realización de cada una de las tareas que le suceden sea mayor, en aplicación de la heurística que se solicita en el enunciado del ejercicio.

Tarea	Tareas sucesoras	Tiempo de realización tarea más tareas sucesoras
C	G – H	3 + 2 + 5 = 10
D	F – H	2 + 1 + 5 = 8
E	F – H	4 + 1 + 5 = 10

En aplicación de la heurística asigne la tarea E a la estación de trabajo.

Iteración 4 – Estación 2 disponible 8 minutos	
Listado de operaciones	A – B – C – D – E – F – G – H
Listado SIN operaciones que:	
Ya están asignadas	C – D – F – G – H
No tengan satisfecha la precedencia	C – D
No tengan un tiempo adecuado	C – D
Asigna	**Tarea C a la estación 2**
Quedan disponibles en la estación	**8 – 3 = 5 minutos**

Las operaciones A, B y E ya están asignadas. Solo tienen satisfecha la relación de precedencia las tareas C y D. Dichas tareas tienen un tiempo de realización inferior al disponible en la estación de trabajo, por lo que cualquiera de ellas puede ser asignada a la segunda estación.

Tarea	Tareas sucesoras	Tiempo de realización tarea más tareas sucesoras
C	G – H	3 + 2 + 5 = 10
D	F – H	2 + 1 + 5 = 8

En aplicación de la heurística asigne la tarea C a la estación de trabajo.

Iteración 5 – Estación 2 disponible 5 minutos	
Listado de operaciones	A – B – C – D – E – F – G – H
Listado SIN operaciones que:	
Ya están asignadas	D – F – G – H
No tengan satisfecha la precedencia	D – G
No tengan un tiempo adecuado	D – G
Asigna	**Tarea D a la estación 2**
Quedan disponibles en la estación	**8 – 3 – 2 = 3 minutos**

Las operaciones A, B, C y E ya están asignadas. Solo tienen satisfecha la relación de precedencia las tareas D y G. Ambas tareas tienen un tiempo de realización inferior al disponible en la estación de trabajo, por lo que cualquiera de ellas puede ser asignada a la segunda estación.

Tarea	Tareas sucesoras	Tiempo de realización tarea más tareas sucesoras
D	F – H	2 + 1 + 5 = 8
G	H	2 + 5 = 7

En aplicación de la heurística asigne la tarea D a la estación de trabajo.

Iteración 6 – Estación 2 disponible 3 minutos	
Listado de operaciones	A – B – C – D – E – F – G – H
Listado SIN operaciones que:	
Ya están asignadas	F – G – H
No tengan satisfecha la precedencia	F – G
No tengan un tiempo adecuado	F – G
Asigna	**Tarea G a la estación 2**
Quedan disponibles en la estación	**8 – 3 – 2 – 2 = 1 minuto**

Las únicas tareas con la relación de precedencia satisfecha son la F y la G que tienen un tiempo de realización inferior al disponible en la estación de trabajo por lo que cualquiera de ellas puede ser asignada a dicha estación.

Iteración 7 – Estación 2 disponible 1 minuto	
Listado de operaciones	A – B – C – D – E – F – G – H
Listado SIN operaciones que:	
Ya están asignadas	F – H
No tengan satisfecha la precedencia	F
No tengan un tiempo adecuado	F
Asigna	**Tarea F a la estación 2**
Quedan disponibles en la estación	**8 – 3 – 2 – 2 – 1 = 0 minutos**

La única tarea con la relación de precedencia satisfecha F tiene un tiempo de realización igual al disponible en la estación de trabajo por lo que debe ser asignada a dicha estación.

Iteración 8 – Estación 3 disponible 8 minutos	
Listado de operaciones	A – B – C – D – E – F – G – H
Listado SIN operaciones que:	
Ya están asignadas	H
No tengan satisfecha la precedencia	H
No tengan un tiempo adecuado	H
Asigna	**Tarea H a la estación 3**
Quedan disponibles en la estación	**8 – 5 = 3 minutos**

La única tarea con la relación de precedencia satisfecha H tiene un tiempo de realización de 5 minutos, tiempo inferior al disponible en la estación de trabajo por lo que debe ser asignada a la misma.

La asignación resultante se muestra en el gráfico siguiente:

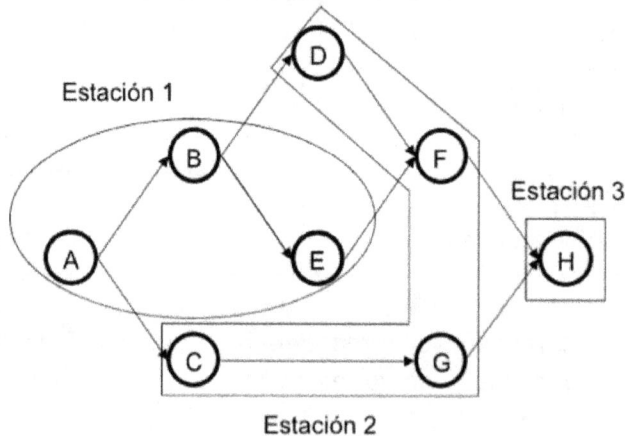

3. **Determine la eficiencia del proceso, así como el tiempo muerto por ciclo.**

$$\text{Eficiencia} = \frac{\sum_{j=1}^{n} \text{Tiempo para la tarea } j}{\text{número de estaciones} \times \text{tiempo de ciclo}} \times 100$$

$$\text{Eficiencia} = \frac{21 \text{ minutos}}{3 \text{ estaciones} \times 8 \text{ minutos}} \times 100 = 87,5\,\%$$

$$\text{Tiempo ocioso total} = \left(\text{número de estaciones} \times \text{tiempo de ciclo}\right) - \sum_{j=1}^{n} \text{Tiempo para la tarea } j$$

$$\text{Tiempo ocioso total} = \left(3 \text{ estaciones} \times 8 \text{ minutos}\right) - 21 = 3 \text{ minutos}$$

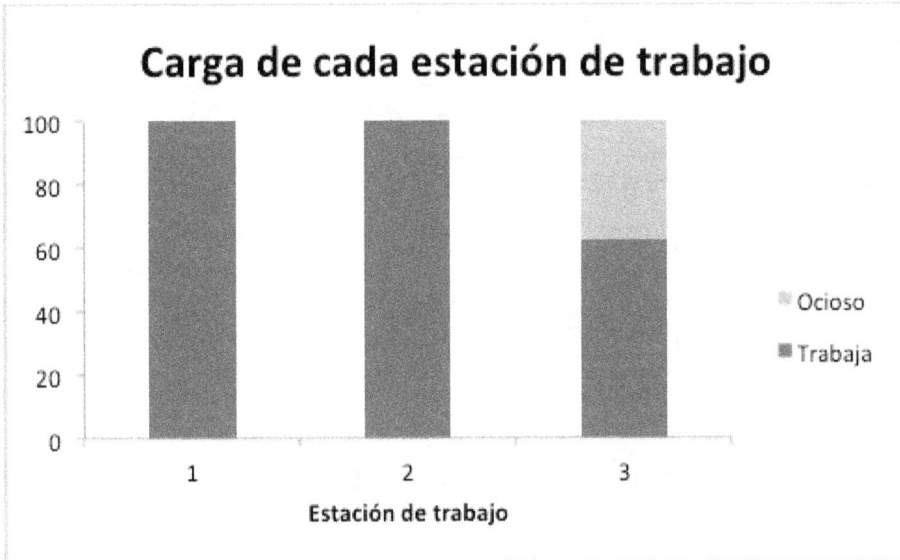

Carga de cada estación de trabajo

Estación de trabajo

Ocioso
Trabaja

Ejercicio 7

Se desea optimizar la distribución en planta de una empresa que consta de seis departamentos, minimizando los costes de transporte entre departamentos. Las cargas a transportar semanalmente entre departamentos se muestran en la tabla.

	Pruebas	Pintura	Soldadura	Recepción	Envíos	Prensas
Pruebas					80	
Pintura	80		20			
Soldadura		100				
Recepción						100
Envíos						
Prensas				100		

El esquema del edificio, cuyas medidas son 60 x 20 metros, se muestran en el gráfico.

Solución:

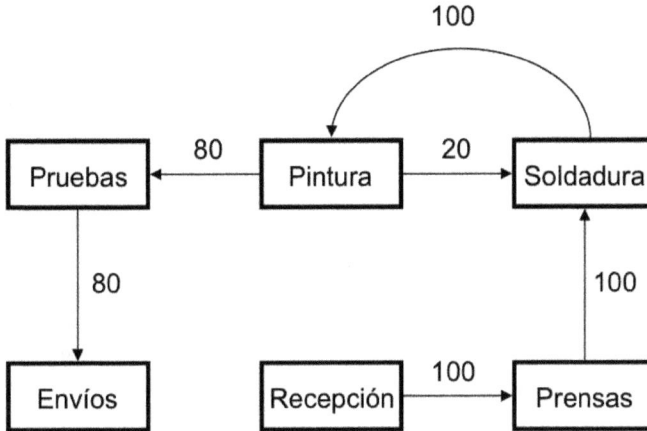

De las dimensiones del edificio indicadas en el enunciado del ejercicio de 60 metros de largo y 20 de ancho, y el esquema del mismo, se deduce que las dimensiones de cada sección son 20 metros de largo por 10 de ancho, de donde la distancia entre centros de salas en horizontal es de 20 metros, y en vertical de 10 metros, de donde el coste de este layout es de:

Coste = (80 x 10) + (80 x 20) + (20 x 20) + (100 x 20) + (100 x 20) + (100 x 10) = 7.800 metros.

Capítulo 5: Gestión de inventarios

Ejercicio 1

Halle la expresión analítica que permita determinar el nivel de inventario en el punto de pedido, en el caso de un producto comprado directamente al proveedor, cuya política de revisión del inventario es continua y admitiéndose rotura de inventario.

Solución:

Si el plazo de entrega PE es menor o igual que el tiempo de ciclo T.

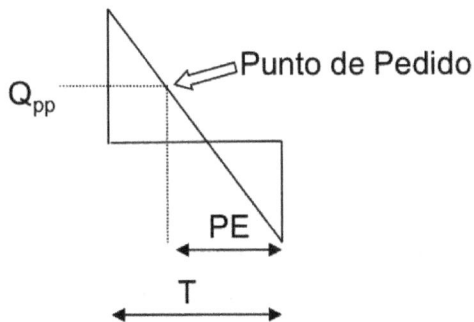

$$Q_{pp} = D \times PE$$

Si el plazo de entrega PE es mayor que el tiempo de ciclo T.

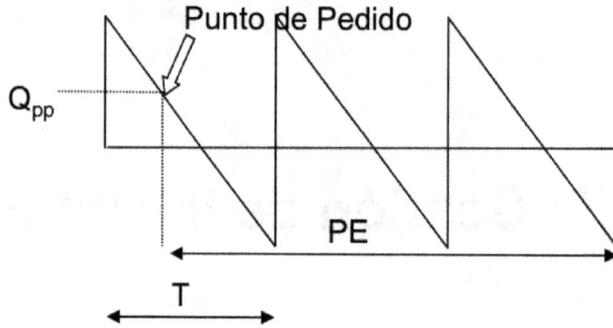

$$Q_{pp} = (D \times PE) - (m \times Q)$$

Siendo D la demanda por unidad de tiempo, Q el lote económico de compra, y m el número de ciclos enteros que forman parte del plazo de entrega.

$$m = ENT \left(\frac{PE}{T} \right)$$

Ejercicio 2

La demanda promedio diaria de un producto comercializado por una empresa es de 100 unidades con una desviación estándar de 80 unidades, siendo su plazo de entrega de 4 días. El coste unitario de lanzamiento es de 8 euros, la tasa de interés del 6 % anual y el precio unitario de 150 euros. Sabiendo que la empresa emplea un sistema de gestión continuo del inventario de dicho producto, y que dicha empresa trabaja 5 días por semana a lo largo de 50 semanas al año, rellene la siguiente ficha que recoge la evolución del inventario del producto en los 15 próximos días. Inicialmente dispone de 100 unidades de dicho producto, y requiere un nivel de servicio del 95 %. Se permite retrasar el pedido si es necesario.

Día	Demanda	Al inicio del periodo			Cantidad ordenada	Cantidad recibida
		Disponible	Pedido	Inventario		
1	120					
2	80					
3	110					
4	150					
5	50					
6	130					
7	120					
8	170					
9	60					
10	100					
11	20					
12	100					
13	110					
14	140					
15	50					

Solución:

PASO 1: Calcule el lote económico de compra del producto.

$$D_{anual} = 5 \frac{días}{semana} \times 50 \frac{semanas}{año} \times 100 \frac{unidades}{día} = 25.000 \frac{unidades}{año}$$

$$Q = \sqrt{\frac{2 \times 8 \text{ euros} \times 25.000 \dfrac{unidades}{año}}{0,06 \dfrac{\%}{año} \times 150 \dfrac{euros}{unidad}}} = 200 \text{ unidades}$$

PASO 2: Evalúe la media y la desviación estándar de la distribución de la demanda correspondiente al plazo de entrega de tres días.

$$\overline{D}_{PE} = \overline{D} \times 3 \text{ días} = 100 \times 3 = 300 \text{ unidades}$$

$$\sigma^2_{PE} = \sigma^2_{dia1} + \sigma^2_{dia2} + \sigma^2_{dia3} + \sigma^2_{dia4} \implies \sigma^2_{PE} = 4 \times \sigma^2_{diaria}$$

$$\sigma_{PE} = \sqrt{4} \times \sigma_{diaria} = \sqrt{4} \times 80 = 160 \text{ unidades}$$

PASO 3: Halle el inventario de seguridad para un nivel de confianza del 95 %.

$$SS = z \times \sigma_{PE} = 1,65 \times 160 = 264 \text{ unidades}$$

PASO 4: Determine el nivel de inventario correspondiente al punto de pedido.

$$Q_{pp} = \overline{D}_{PE} + SS = 300 + 264 = 564 \text{ unidades}$$

PASO 5: Rellene la ficha que muestra la evolución del inventario del producto a lo largo de los próximos quince días.

Día	Demanda	Al inicio del periodo			Cantidad ordenada	Cantidad recibida
		Disponible	Pedido	Inventario		
1	120	100	0	100	200	0
2	80	-20	200	180	200	0
3	110	-100	400	300	200	0
4	150	-210	600	390	200	0
5	50	-360	800	440	200	0
6	130	-210	800	590	0	200
7	120	-140	600	460	200	200
8	170	-60	600	540	200	200
9	60	-30	600	570	0	200
10	100	110	400	510	200	200
11	20	10	600	610	0	0
12	100	190	400	590	0	200
13	110	290	200	490	200	200
14	140	180	400	580	0	0
15	50	240	200	440	200	200

Disponible inicio periodo i = Disponible inicio periodo (i - 1) + Cantidad recibida inicio periodo i – Demanda periodo (i – 1)

Inventario inicio periodo i = Disponible inicio periodo i + Pedido inicio periodo i

Cantidad ordenada = SI (Inventario inicio periodo i < Q_{pp}) ➔ Pedir un lote económico de Q = 800 unidades, en caso contrario no pedir.

Ejercicio 3

El precio unitario de un componente es de 100 euros. En pedidos de 100 o más unidades hay un descuento en el precio del 36 %, mientras que en pedidos de 150 o más unidades el descuento asciende al 75 %. Siendo el coste unitario de almacenamiento de dicho componente del 5 % anual, el coste de lanzamiento de 10 euros, y la demanda anual de 100 componentes, determine el lote económico de compra.

Solución:

PASO 1: Calcule el lote económico para cada nivel de precios.

$$Q_1 = \sqrt{\frac{2 \times 10 \text{ euros} \times 100 \text{ unidades/año}}{0,05 \ /\text{año} \times 100 \text{ euros/unidad}}} = 20 \text{ unidades}$$

$$Q_2 = \sqrt{\frac{2 \times 10 \text{ euros} \times 100 \text{ unidades/año}}{0,05 \ /\text{año} \times 64 \text{ euros/unidad}}} = 25 \text{ unidades}$$

$$Q_3 = \sqrt{\frac{2 \times 10 \text{ euros} \times 100 \text{ unidades/año}}{0,05 \ /\text{año} \times 25 \text{ euros/unidad}}} = 40 \text{ unidades}$$

PASO 2: Evalúe cuales de los lotes calculados en el paso anterior son o no candidatos a lote óptimo.

p	Q		
100	< 100	20	Q_1 dentro intervalo $\Rightarrow$ Posible óptimo
64	100 - 150	25	Q_2 fuera del intervalo $\Rightarrow$ No óptimo
25	$\geq$ 150	40	Q_3 fuera del intervalo $\Rightarrow$ No óptimo

PASO 3: Calcule el coste de los candidatos a lote económico óptimo.

Son candidatos a óptimo los valores umbrales y Q_1.

$$CT = CA + CL + CM = (D \times p) + \left(c_L \times \frac{D}{Q} \right) + \left(\frac{1}{2} \times Q \times i \times p \right)$$

$$CT(20) = (100 \times 100) + \left(10 \times \frac{100}{20} \right) + \left(\frac{1}{2} \times 20 \times 0,05 \times 100 \right) = 10.100 \frac{euros}{año}$$

$$CT(100) = (100 \times 64) + \left(10 \times \frac{100}{100} \right) + \left(\frac{1}{2} \times 100 \times 0,05 \times 64 \right) = 6.570 \frac{euros}{año}$$

$$CT(150) = (100 \times 25) + \left(10 \times \frac{100}{150} \right) + \left(\frac{1}{2} \times 150 \times 0,05 \times 25 \right) = 2.600 \frac{euros}{año}$$

El lote económico de compra es de 150 unidades.

Ejercicio 4

Una empresa adquiere un componente a un precio unitario de 10 euros. El proceso productivo de la empresa requiere 1.000 componentes mensuales. La empresa estima sus costes de emisión de cada pedido en 15 euros y el coste anual de posesión en un 10 % del valor total del stock. Suponiendo 20 días laborables al mes durante 11 meses y un tiempo de suministro de 6 días, determine:

1. La cantidad económica de pedido.

2. El punto de pedido.

3. Los costes anuales asociados al inventario.

4. El coste adicional que supondría a la empresa realizar un pedido mensual de 500 componentes, en lugar de la solución propuesta en los apartados anteriores.

Solución:

1. La cantidad económica de pedido.

$$Q = 1000 \, \frac{\text{componentes}}{\text{mes}} \times 11 \, \frac{\text{meses}}{\text{año}} = 11.000 \, \frac{\text{componentes}}{\text{año}}$$

$$Q = \sqrt{\frac{2 \times 15 \text{ euros} \times 11000 \text{ componentes}/\text{año}}{0{,}10 \ /\text{año} \times 10 \text{ euros}/\text{componente}}} = 575 \text{ componentes}$$

2. El punto de pedido.

$$T = \frac{Q}{D} = \frac{600}{11000} = 0,0545 \text{ años}$$

$$0,0545 \text{ años} \times \frac{220 \text{ días}}{1 \text{ año}} = 12 \text{ días} \quad \Rightarrow \quad PE < T$$

$$Q_{PP} = D \times PE \quad Q_{PP} = \left[11000 \frac{\text{componentes}}{\text{año}} \times \frac{1}{220} \frac{\text{año}}{\text{días}} \right] \times 6 \text{ días} = 300 \text{ componentes}$$

3. Los costes anuales asociados al inventario.

$$CT = CA + CL + CM = (D \times p) + \left(c_1 \times \frac{D}{Q} \right) + \left(\frac{1}{2} \times Q \times p \times i \right) =$$

$$(11000 \times 10) + \left(15 \times \frac{11000}{575} \right) + \left(\frac{1}{2} \times 575 \times 10 \times 0,10 \right) = 110.574,46 \frac{\text{euros}}{\text{año}}$$

4. El coste adicional que supondría a la empresa realizar un pedido mensual de 500 componentes, en lugar de la solución propuesta en los apartados anteriores.

$$CT = CA + CL + CM = (D \times p) + \left(c_1 \times \frac{1}{PP} \right) + \left(\frac{1}{2} \times D \times PP \times p \times i \right) =$$

$$(11000 \times 10) + \left(15 \times 11\, \frac{pedidos}{año} \right) + \left(\frac{1}{2} \times 11000 \times 1\, mes \times \frac{1}{11}\, \frac{año}{meses} \times 10 \times 0,10 \right)$$

$$CT = 110.665\, \frac{euros}{año}$$

$$\Delta CT = 110.665 - 110.574,46 = 90,54\, \frac{euros}{año} \quad \Rightarrow \quad 0,08\,\%$$

Ejercicio 5

Una empresa comercializa un producto que compra en lotes de 1.000 unidades a 10 euros cada unidad, llegando a alcanzar una rotura de inventario en cada ciclo de 200 unidades. Conociendo que la tasa de oportunidad de la empresa es del 10% anual, el coste unitario de rotura de 20 euros por año, el coste unitario de lanzamiento de 15 euros por pedido y la demanda anual de 10.000 unidades, determine el coste total anual de la política de inventarios llevada a cabo por la empresa sobre dicho producto.

Solución:

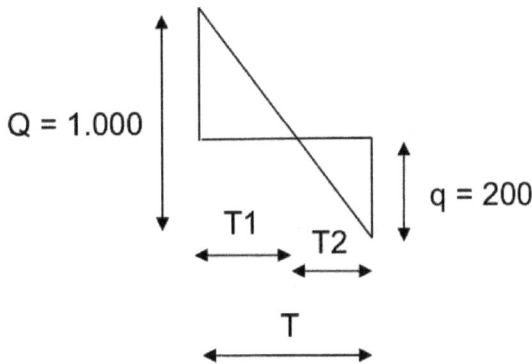

PASO 1: Calcule el tiempo de ciclo así como los tiempos de cobertura y rotura de inventario.

$$T = \frac{Q}{D} = \frac{1.000}{10.000} = 0,1 \text{ años}$$

$$T_1 = \frac{Q - q}{D} = \frac{1.000 - 200}{10.000} = 0,08 \text{ años}$$

$$T_2 = T - T_1 = 0,1 - 0,08 = 0,02 \text{ años}$$

PASO 2: Evalúe el coste unitario de rotura y el número de pedidos que debe llevar a cabo anualmente.

$$c_M = i \times p = 0{,}10 \times 10 = 1 \frac{\text{euro}}{\text{unidad año}}$$

$$N = \frac{D}{Q} = \frac{10.000}{1.000} = 10 \frac{\text{pedidos}}{\text{año}}$$

PASO 3: Determine el coste de la política de inventarios formulada por la empresa para dicho producto.

$$CT = \left(D \times p\right) + \left(c_1 \times \frac{D}{Q}\right) + \left[\left(\frac{T_1 \times (Q - q)}{2} \times c_M\right) \times \frac{D}{Q}\right] + \left[\left(\frac{T_2 \times q}{2} \times c_R\right) \times \frac{D}{Q}\right] =$$

$$(10.000 \times 10) + [15 \times 10] + \left[\left(\frac{0{,}08 \times 800}{2} \times 1\right) \times 10\right] + \left[\left(\frac{0{,}02 \times 200}{2} \times 20\right) \times 10\right]$$

$$CT = 100.870 \frac{\text{euros}}{\text{año}}$$

Ejercicio 6

La demanda diaria promedio de uno de los productos fabricados y comercializados por una empresa es de 100 unidades con una desviación estándar de 85 unidades y un plazo de entrega de 3 días. Siendo el nivel de servicio del 95%, el coste unitario de preparación de las instalaciones para la fabricación de dicho producto de 8 euros, la tasa de oportunidad de la empresa del 5% anual y el precio unitario del producto de 200 euros. La empresa emplea un sistema de revisión periódico para la gestión del inventario de dicho producto, cuyo inventario inicial es de -20 unidades. Sabiendo que la empresa trabaja 5 días por semana a lo largo de 50 semanas al año, rellene la siguiente ficha que recoge la evolución del inventario del producto en los 15 próximos días.

Día	Demanda	Al inicio del periodo			Cantidad ordenada	Cantidad recibida
		Disponible	Pedido	Inventario		
1	120					
2	80					
3	110					
4	150					
5	50					
6	130					
7	120					
8	170					
9	60					
10	100					
11	20					
12	100					
13	110					
14	140					
15	50					

Solución:

PASO 1: Calcule el plazo óptimo entre pedidos.

$$D_{anual} = 5 \frac{\text{días}}{\text{semana}} \times 50 \frac{\text{semanas}}{\text{año}} \times 100 \frac{\text{unidades}}{\text{día}} = 25.000 \frac{\text{unidades}}{\text{año}}$$

$$PP = \sqrt{\frac{2 \times 8 \text{ euros}}{0,05 \frac{\%}{\text{año}} \times 200 \frac{\text{euros}}{\text{unidad}} \times 25.000 \frac{\text{unidades}}{\text{año}}}} = 0,008 \text{ años}$$

$$PP = 0,008 \text{ años} \times \frac{50}{1} \frac{\text{semanas}}{\text{año}} \times \frac{5}{1} \frac{\text{días}}{\text{semana}} = 2 \text{ días}$$

PASO 2: Evalúe la media y la desviación estándar de la distribución de la demanda correspondiente al plazo de entrega más el plazo entre pedidos.

$$PE + PP = 3 \text{ días} + 2 \text{ días} = 5 \text{ días}$$

$$\overline{D}_{PE+PP} = \overline{D} \times 5 \text{ días} = 100 \times 5 = 500 \text{ unidades}$$

$$\sigma_{PE+PP}^2 = \sigma_{dia1}^2 + \sigma_{dia2}^2 + \sigma_{dia3}^2 + \sigma_{dia4}^2 + \sigma_{dia5}^2$$

$$\sigma_{PE+PP}^2 = 5 \times \sigma_{diaria}^2 \quad \Rightarrow \quad \sigma_{PE+PP} = \sqrt{5} \times \sigma_{diaria} = \sqrt{5} \times 85 = 190 \text{ unidades}$$

PASO 3: Halle el inventario de seguridad para un nivel de confianza del 95%.

$$SS = z \times \sigma_{PE+PP} = 1,65 \times 190 = 314 \text{ unidades}$$

PASO 4: Determine el nivel máximo de inventario.

$$\text{SMAX} = \overline{D}_{PE+PP} + SS = 500 + 314 = 814 \text{ unidades}$$

PASO 5: Rellene la ficha que muestra la evolución del inventario del producto a lo largo de los próximos quince días.

Día	Demanda	Al inicio del periodo			Cantidad ordenada	Cantidad recibida
		Disponible	Pedido	Inventario		
1	120	-20	0	-20	834	0
2	80	-140	834	694	0	0
3	110	-220	834	614	200	0
4	150	504	200	704	0	834
5	50	354	200	554	260	0
6	130	604	260	764	0	200
7	120	374	260	634	180	0
8	170	514	180	684	0	260
9	60	344	180	524	290	0
10	100	464	290	754	0	180
11	20	364	290	654	160	0
12	100	634	160	794	0	290
13	110	634	160	694	120	0
14	140	584	120	704	0	160
15	50	444	120	564	250	0

Disponible inicio periodo i = Disponible inicio periodo (i - 1) + Cantidad recibida inicio periodo i – Demanda periodo (i – 1)

Inventario inicio periodo i = Disponible inicio periodo i + Pedido inicio periodo i

Cantidad ordenada = SMAX - Inventario inicio periodo i.

Ejercicio 7

El tiempo de preparación requerido por cada una de las máquinas de una empresa es de 0,5 horas, siendo el tiempo de ejecución de cada producto en una máquina de 0,1 horas. Sabiendo que se fabrica en lotes de 10 unidades y que el salario medio por hora asciende a 30 euros, determine:

1. El coste medio unitario de cada producto.

2. El ahorro de coste conseguido si reduce el tiempo de preparación un 60%.

3. El tamaño de lote si reduce el tiempo de preparación a 0,05 horas, manteniendo el coste medio unitario del apartado 1.

4. El tiempo de preparación necesario para producir con lotes de 5 unidades y mantener el coste unitario medio.

Solución:

1. El coste medio unitario de cada producto.

$$T = t_{ejecución} + \frac{t_{preparación}}{Q}$$

$$\left(0,1 \, \frac{horas}{producto} + \frac{0,5}{10} \, \frac{horas}{productos} \right) \times 30 \, \frac{euros}{hora} = 4,5 \, \frac{euros}{producto}$$

2. El ahorro de coste conseguido si reduce el tiempo de preparación un 60%.

$$\text{Tiempo preparación} = (1 - 0{,}6) \times 0{,}5 \text{ horas} = 0{,}2 \text{ horas}$$

$$\left(0{,}1 \, \frac{\text{horas}}{\text{producto}} + \frac{0{,}2}{10} \, \frac{\text{horas}}{\text{productos}} \right) \times 30 \, \frac{\text{euros}}{\text{hora}} = 3{,}6 \, \frac{\text{euros}}{\text{producto}}$$

$$\text{Ahorro} = 4{,}5 \, \frac{\text{euros}}{\text{producto}} - 3{,}6 \, \frac{\text{euros}}{\text{producto}} = 0{,}9 \, \frac{\text{euros}}{\text{producto}} \quad \rightarrow \quad 20\,\%$$

3. El tamaño de lote si reduce el tiempo de preparación a 0,05 horas, manteniendo el coste medio unitario del apartado 1.

$$\left(0{,}1 \, \frac{\text{horas}}{\text{producto}} + \frac{0{,}05}{Q} \, \frac{\text{horas}}{\text{productos}} \right) \times 30 \, \frac{\text{euros}}{\text{hora}} = 4{,}5 \, \frac{\text{euros}}{\text{producto}} \quad \Rightarrow \quad Q = 1 \text{ unidad}$$

4. El tiempo de preparación necesario para producir con lotes de 5 unidades y mantener el coste unitario medio.

$$\left(0{,}1 \, \frac{\text{horas}}{\text{producto}} + \frac{t_p}{5} \, \frac{\text{horas}}{\text{productos}} \right) \times 30 \, \frac{\text{euros}}{\text{hora}} = 4{,}5 \, \frac{\text{euros}}{\text{producto}} \quad \Rightarrow t_p = 0{,}25 \text{ horas}$$

Ejercicio 8

Una empresa fabrica un producto cuya demanda diaria es de 20 unidades y el precio unitario de venta 150.000 euros. La empresa trabaja 5 días a la semana durante 50 semanas al año y para la fabricación de cada unidad del producto requiere 10 unidades de un componente que es suministrado por el proveedor al precio de 10.000 euros cada unidad, si bien ofrece un descuento del 19% si compra 2.000 unidades o más. El plazo medio de suministro del componente por parte del proveedor es de 4 días, el coste de emisión de cada pedido es de 2.940 euros, el coste de mantenimiento de las existencias en el almacén 200 euros por unidad y año, el coste de almacenamiento financiero la empresa lo estima en un 10%. Calcule la cantidad económica que la empresa debe adquirir del componente así como el punto de pedido y el coste total de gestionar el inventario de dicho componente.

Solución:

Cantidad económica que la empresa debe adquirir del componente.

$$D_{producto} = 40 \, \frac{unidades}{día} \times 5 \, \frac{días}{semana} \times 50 \, \frac{semanas}{año} = 10.000 \, \frac{unidades}{año}$$

$$D_{componente} = 10.000 \, \frac{unidades}{año} \times 10 = 100.000 \, \frac{unidades}{año}$$

$$Q_{SD} = \sqrt{\frac{2 \times 2.940 \times 100.000}{200 + (0,1 \times 10.000)}} = 700 \text{ unidades}$$

$$Q_{CD} = \sqrt{\frac{2 \times 2.940 \times 100.000}{200 + (0,1 \times (10.000 \times (1 - 0,19)))}} = 763 \text{ unidades}$$

p		Q	
10.000	< 2.000	700	Q_1 dentro intervalo $\Rightarrow$ Posible óptimo
8.100	$\geq$ 2.000	763	Q_2 fuera del intervalo $\Rightarrow$ No óptimo

Son candidatos a óptimo el valor umbral y Q_1.

$$CT = CA + CL + CM = \left(D \times p\right) + \left(c_L \times \frac{D}{Q}\right) + \left(\frac{1}{2} \times Q \times i \times p\right)$$

$$CT\left(700\right) = \left(100000 \times 10000\right) + \left(2940 \times \frac{100000}{700}\right) + \left(\frac{1}{2} \times 700 \times \left(200 + \left(0{,}1 \times 10000\right)\right)\right)$$

$$CT(700) = 1.000.840.000 \frac{euros}{año}$$

$$CT\left(2000\right) = \left(100000 \times 8100\right) + \left(2940 \times \frac{100000}{2000}\right) + \left(\frac{1}{2} \times 2000 \times \left(200 + \left(0{,}1 \times 8100\right)\right)\right)$$

$$CT(2000) = 811.157.000 \frac{euros}{año}$$

El lote económico de compra es de 2.000 unidades.

Coste total de gestión del inventario del componente.

$$CT(2000) = (100000 \times 8100) + \left(2940 \times \frac{100000}{2000}\right) + \left(\frac{1}{2} \times 2000 \times \left(200 + (0,1 \times 8100)\right)\right)$$

$$CT(2000) = 811.157.000 \, \frac{euros}{año}$$

Punto de pedido.

$$T = \frac{Q}{D} = \frac{2.000}{100.000} = 0,02 \text{ años}$$

$$0,02 \text{ años} \times 50 \, \frac{semanas}{año} \times 5 \, \frac{días}{semana} = 5 \text{ días}$$

$$PE < T \quad \Rightarrow \quad Q_{pp} = D \times PE$$

$$Q_{pp} = \left(100.000 \, \frac{unidades}{año} \times \frac{1}{250} \, \frac{año}{días}\right) \times 4 \text{ días} = 1.600 \text{ unidades}$$

Ejercicio 9

Una empresa adquiere un componente a un coste unitario de 0,20 euros. Anualmente necesita 100.000 unidades de dicho componente, siendo los gastos administrativos, transporte y descarga de 100 euros, y el tiempo promedio en recibir el pedido de 20 días. Cada unidad almacenada supone un coste anual de 0,03 euros. Sabiendo que el coste de capital es del 10%, determine:

1. El lote económico de pedido.

2. El plazo de tiempo entre pedidos, suponiendo que la empresa trabaja 300 días al año.

3. El punto de pedido.

4. El lote económico en el caso de que el proveedor le ofreciera los descuentos siguientes: 20% de descuento si adquiere 30.000 o más unidades, 10% de descuento en los pedidos entre 20.000 y 30.000 unidades, 0% de descuento en pedidos inferiores a 20.000 unidades.

Solución:

1. El lote económico de pedido.

$$Q = \sqrt{\frac{2 \times 100 \times 100000}{0,03 + (0,10 \times 0,20)}} = 20.000 \text{ unidades}$$

2. El plazo de tiempo entre pedidos, suponiendo que la empresa trabaja 300 días al año.

$$T = \frac{Q}{D} = \frac{20.000}{100.000} \frac{\text{unidades}}{\text{unidades/año}} = 0,2 \text{ años}$$

$$0,2 \text{ años} \times \frac{300}{1} \frac{\text{días}}{\text{año}} = 60 \text{ días}$$

3. El punto de pedido.

$$PE < T \quad \Rightarrow \quad Q_{pp} = D \times PE$$

$$Q_{pp} = \left(100.000 \frac{\text{unidades}}{\text{año}} \times \frac{1}{300} \frac{\text{año}}{\text{días}} \right) \times 20 \text{ días} = 6.667 \text{ unidades}$$

4. **El lote económico en el caso de que el proveedor le ofreciera los descuentos siguientes: 20% de descuento si adquiere 30.000 o más unidades, 10% de descuento en los pedidos entre 20.000 y 30.000 unidades, 0% de descuento en pedidos inferiores a 20.000 unidades.**

$$Q_1 = \sqrt{\frac{2 \times 100 \times 100000}{0,03 + (0,10 \times 0,20)}} = 20.000 \text{ unidades}$$

$$Q_2 = \sqrt{\frac{2 \times 100 \times 100000}{0,03 + (0,10 \times (0,20 \times (1 - 0,10)))}} = 20.412 \text{ unidades}$$

$$Q_3 = \sqrt{\frac{2 \times 100 \times 100000}{0,03 + (0,10 \times (0,20 \times (1 - 0,20)))}} = 20.851 \text{ unidades}$$

p	Q		
0,20	< 20.000	20.000	Q_1 fuera del intervalo $\Rightarrow$ No óptimo
0,18	20.000 30.000	20.412	Q_2 dentro intervalo óptimo $\Rightarrow$ Posible óptimo
0,16	$\geq$30.000	20.851	Q_3 fuera del intervalo $\Rightarrow$ No óptimo

Son candidatos a óptimo el valor umbral y Q_2.

$$CT = CA + CL + CM = \left(D \times p\right) + \left(c_L \times \frac{D}{Q}\right) + \left(\frac{1}{2} \times Q \times i \times p\right)$$

$$CT\left(20.412\right) = \left(100000 \times 0{,}18\right) + \left(100 \times \frac{100000}{20412}\right) + \left(\frac{1}{2} \times 20412 \times \left(0{,}03 + \left(0{,}1 \times 0{,}18\right)\right)\right)$$

$$CT\left(20.412\right) = 18.979{,}80 \, \frac{\text{euros}}{\text{año}}$$

$$CT\left(30.000\right) = \left(100000 \times 0{,}16\right) + \left(100 \times \frac{100000}{30000}\right) + \left(\frac{1}{2} \times 30000 \times \left(0{,}03 + \left(0{,}1 \times 0{,}16\right)\right)\right)$$

$$CT\left(30.000\right) = 17.023{,}33 \, \frac{\text{euros}}{\text{año}}$$

El lote económico de compra es de 30.000 unidades.

Ejercicio 10

La demanda mensual de un producto es de 20 unidades, siendo su política de adquisición realizar pedidos de 100 unidades. El coste de emisión de cada pedido se estima en 45 euros y el coste de posesión en un 10% del valor almacenado. Con esta política la empresa alcanza el máximo descuento del fabricante, lo que deja el coste de cada unidad en 250 euros. Los descuentos que lleva a cabo el fabricante en función de la cantidad son los siguientes: 200 euros unidad para pedidos hasta 24 unidades, 180 euros para pedidos entre 25 y 49 unidades, 160 euros pedidos entre 50 y 74 unidades y 140 euros para 75 o más unidades. Conociendo que la empresa trabaja 10 meses al año, determine la política de pedidos óptima así como el ahorro que supone con la política actual de la empresa.

Solución:

PASO 1: Calcule el lote económico para cada nivel de precios.

$$Q_1 = \sqrt{\frac{2 \times 45 \text{ euros} \times (20 \times 10) \text{ unidades/año}}{0,10 \text{ /año} \times 200 \text{ euros/unidad}}} = 30 \text{ unidades}$$

$$Q_2 = \sqrt{\frac{2 \times 45 \text{ euros} \times (20 \times 10) \text{ unidades/año}}{0,10 \text{ /año} \times 180 \text{ euros/unidad}}} = 31,62 \text{ unidades}$$

$$Q_3 = \sqrt{\frac{2 \times 45 \text{ euros} \times (20 \times 10) \text{ unidades/año}}{0,10 \text{ /año} \times 160 \text{ euros/unidad}}} = 33,54 \text{ unidades}$$

$$Q_4 = \sqrt{\frac{2 \times 45 \text{ euros} \times (20 \times 10) \text{ unidades/año}}{0,10 \text{ /año} \times 140 \text{ euros/unidad}}} = 35,86 \text{ unidades}$$

PASO 2: Evalúe cuales de los lotes calculados en el paso anterior son o no son candidatos a lote óptimo.

p		Q	
200	< 24	30	Q_1 fuera del intervalo $\Rightarrow$ No óptimo
180	25 - 49	32	Q_2 dentro intervalo $\Rightarrow$ Posible óptimo
160	50 - 74	34	Q_3 fuera del intervalo $\Rightarrow$ No óptimo
140	$\geq$75	36	Q_4 fuera del intervalo $\Rightarrow$ No óptimo

PASO 3: Calcule el coste de los candidatos a lote económico óptimo.

Son candidatos a óptimo los valores umbrales y Q_2.

$$CT = CA + CL + CM = (D \times p) + \left(c_L \times \frac{D}{Q} \right) + \left(\frac{1}{2} \times Q \times i \times p \right)$$

$$CT(31,62) = (200 \times 180) + \left(45 \times \frac{200}{31,62} \right) + \left(\frac{1}{2} \times 31,62 \times 0,10 \times 180 \right) = 36.569 \frac{euros}{año}$$

$$CT(50) = (200 \times 160) + \left(45 \times \frac{200}{50} \right) + \left(\frac{1}{2} \times 50 \times 0,10 \times 160 \right) = 32.580 \frac{euros}{año}$$

$$CT(75) = (200 \times 140) + \left(45 \times \frac{200}{75} \right) + \left(\frac{1}{2} \times 75 \times 0,10 \times 140 \right) = 28.645 \frac{euros}{año}$$

El lote económico de compra es de 75 unidades.

COSTE TOTAL

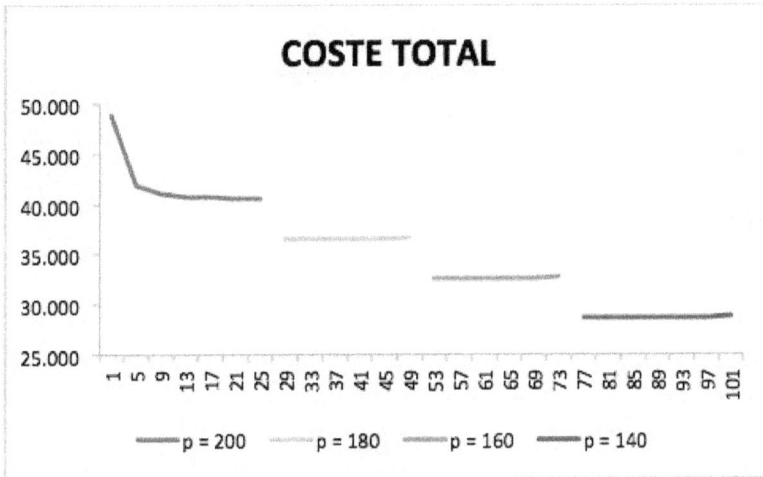

PASO 4: Calcule el ahorro que supone con la política actual de la empresa.

Coste de la política actual consistente en adquirir lotes de 100 unidades:

$$CT = CA + CL + CM = (D \times p) + \left(c_L \times \frac{D}{Q} \right) + \left(\frac{1}{2} \times Q \times i \times p \right)$$

$$CT(100) = (200 \times 140) + \left(45 \times \frac{200}{100} \right) + \left(\frac{1}{2} \times 100 \times 0,10 \times 140 \right) = 28.790 \, \frac{euros}{año}$$

De donde el ahorro en relación con la política actual de la empresa es de 28.790 – 28.645 = 145 euros por año.

Ejercicio 11

La demanda anual de un producto es de 4.000 unidades, siendo su coste unitario de 100 euros y el coste de almacenamiento 10% del coste unitario. Los costes de lanzamiento de la empresa suponen 50 euros por pedido y el plazo de entrega de 15 días. Determine:

1. La cantidad económica de pedido.

2. El número de días entre pedidos, suponiendo que el número de días laborables por año es de 200.

3. El número de pedidos por año.

4. El punto de pedido.

5. El coste total de la gestión del inventario de este producto

Solución:

1. La cantidad económica de pedido.

$$Q = \sqrt{\frac{2 \times 50 \text{ euros} \times 4000 \text{ unidades}/\text{año}}{0,10 \times 100 \text{ euros}/\text{unidad}}} = 200 \text{ unidades}$$

2. El número de días entre pedidos, suponiendo que el número de días laborables por año es de 200.

$$T = \frac{Q}{D} = \frac{200}{4000} = 0,05 \text{ años}$$

$$0,05 \text{ años} \times \frac{200}{1} \frac{\text{días}}{\text{año}} = 10 \text{ días}$$

3. El número de pedidos por año.

$$N = \frac{1}{T} = \frac{1}{0,02} \frac{\text{pedido}}{\text{años}} = 20 \frac{\text{pedidos}}{\text{año}}$$

4. El punto de pedido.

$$\text{PE de 15 días} > \text{T de 10 días} \quad \Rightarrow \quad Q_{pp} = (D \times PE) - (m \times Q)$$

$$m = ENT\left[\frac{PE}{T}\right] = ENT\left[\frac{15}{10}\right] = 1$$

$$Q_{pp} = \left[4.000 \frac{\text{unidades}}{\text{año}} \times \frac{1}{200} \frac{\text{año}}{\text{días}} \times 15 \text{ días}\right] - [1 \times 200] = 100 \text{ unidades}$$

5. El coste total de la gestión del inventario de ese producto.

$$CT = CA + CL + CM = (D \times p) + \left(c_L \times \frac{D}{Q}\right) + \left(\frac{1}{2} \times Q \times i \times p\right)$$

$$CT = (4000 \times 100) + \left(50 \times \frac{4000}{200}\right) + \left(\frac{1}{2} \times 200 \times 0,10 \times 100\right) = 402.000 \frac{\text{euros}}{\text{año}}$$

Ejercicio 12

Una empresa compra una pieza que incorpora a sus productos por 10 euros cada unidad. El consumo diario de dicha pieza es de 480 unidades. Cada vez que hace un pedido, tarda 8 días en recibirlo y se generan unos costes de emisión de 300 euros. Los costes originados por el almacenamiento suponen 2 euros por unidad y año. El gerente de la empresa desea conocer para un periodo de 250 días laborables:

1. El tamaño óptimo del lote a comprar que minimice los costes totales de la gestión de inventarios de dicha pieza.

2. El número de pedidos a realizar y el periodo de reaprovisionamiento.

3. El punto de pedido.

4. El coste total de la gestión de inventarios de dicho producto.

5. Resuelva el mismo ejercicio utilizando un modelo de periodo fijo.

Solución:

1. El tamaño óptimo del lote a comprar que minimice los costes totales de la gestión de inventarios de dicha pieza.

$$D = 480 \, \frac{\text{unidades}}{\text{día}} \times \frac{250}{1} \, \frac{\text{días}}{\text{año}} = 120.000 \, \frac{\text{unidades}}{\text{año}}$$

$$Q = \sqrt{\frac{2 \times 300 \, \text{euros} \times 120.000 \, \dfrac{\text{unidades}}{\text{año}}}{2 \, \dfrac{\text{euros}}{\text{unidad} \cdot \text{año}}}} = 6.000 \, \text{unidades}$$

2. El número de pedidos a realizar y el periodo de reaprovisionamiento.

$$N = \frac{D}{Q} = \frac{480\,\dfrac{\text{unidades}}{\text{día}} \times \dfrac{250\,\text{días}}{1\,\text{año}}}{6.000\,\dfrac{\text{unidades}}{\text{pedido}}} = 20\,\frac{\text{pedidos}}{\text{año}}$$

$$T = \frac{1}{N} = \frac{1}{20}\,\frac{\text{año}}{\text{pedidos}} = 0{,}05\,\text{años}$$

$$0{,}05\,\text{años} \times \frac{250\,\text{días}}{1\,\text{año}} = 12{,}50\,\text{días}$$

3. El punto de pedido.

$$PE < T \quad \Rightarrow \quad Q_{pp} = D \times PE$$

$$Q_{pp} = 480\,\frac{\text{unidades}}{\text{día}} \times 8\,\text{días} = 3.840\,\text{unidades}$$

4. El coste total de la gestión de inventarios de dicho producto.

$$CT = CA + CL + CM = (D \times p) + \left(c_L \times \frac{D}{Q}\right) + \left(\frac{1}{2} \times Q \times c_M\right)$$

$$CT = (120000 \times 10) + \left(300 \times \frac{120000}{6000}\right) + \left(\frac{1}{2} \times 6000 \times 2\right) = 1.212.000\,\frac{\text{euros}}{\text{año}}$$

5. Resuelva el mismo ejercicio utilizando un modelo de periodo fijo.

$$PP = \sqrt{\dfrac{2 \times 300 \text{ euros}}{2 \dfrac{\text{euros}}{\text{unidad} \cdot \text{año}} \times 480 \dfrac{\text{unidades}}{\text{día}} \times \dfrac{250}{1} \dfrac{\text{días}}{\text{año}}}} = 0{,}05 \text{ años}$$

$$SMAX = D \times PP = 120.000 \dfrac{\text{unidades}}{\text{año}} \times 0{,}05 \text{ años} = 6.000 \text{ unidades}$$

Ejercicio 13

Una empresa utiliza un componente del que consume diariamente 6.000 unidades a un precio unitario de 30 euros. El coste de almacenamiento supone un 10% del precio unitario y el coste de emisión de cada pedido asciende a 2.000 euros. Sabiendo que la empresa está en funcionamiento 365 días al año, calcule la cantidad económica de pedido así como el periodo de reaprovisionamiento y el coste total asociado al inventario de dicho componente.

Solución:

Cantidad económica de pedido.

$$D = 6.000 \, \frac{\text{unidades}}{\text{día}} \times \frac{365}{1} \, \frac{\text{días}}{\text{año}} = 219.000 \, \frac{\text{unidades}}{\text{año}}$$

$$Q = \sqrt{\frac{2 \times 2.000 \text{ euros} \times 219.000 \text{ unidades/año}}{10 \, \%/\text{año} \times 30 \text{ euros/unidad}}} = 54.037 \text{ unidades}$$

Periodo de reaprovisionamiento.

$$T = \frac{Q}{D} = \frac{54.037}{6.000} = 9 \text{ días}$$

Coste total asociado al inventario de carbón.

$$CT = CA + CL + CM = (D \times p) + \left(c_L \times \frac{D}{Q} \right) + \left(\frac{1}{2} \times Q \times i \times p \right)$$

$$CT = (219000 \times 30) + \left(2000 \times \frac{219000}{54037} \right) + \left(\frac{1}{2} \times 54037 \times 0{,}10 \times 30 \right) = 6.659.161 \frac{euros}{año}$$

Ejercicio 14

La demanda anual de un producto es de 500 unidades, su coste anual unitario de mantenimiento de 1 euro y el coste de lanzamiento de 40 euros cada pedido. Determine la cantidad económica a comprar y el coste anual de gestión del inventario, tomando en consideración que el redondeo se efectúa a partir del número de pedidos. Cada producto es adquirido al proveedor por 100 euros.

Solución:

$$Q = \sqrt{\frac{2 \times 40 \text{ euros} \times 500 \text{ unidades/año}}{1 \text{ euro/unidad} \cdot \text{año}}} = 200 \text{ unidades}$$

$$N = \frac{D}{Q} = \frac{500 \text{ unidades/año}}{200 \text{ unidades}} = 2,5 \frac{\text{pedidos}}{\text{año}}$$

$$N = 2 \frac{\text{pedidos}}{\text{año}} \quad \rightarrow \quad Q = \frac{D}{N} = \frac{500 \text{ unidades/año}}{2 \text{ pedidos/año}} = 250 \text{ unidades}$$

$$N = 3 \frac{\text{pedidos}}{\text{año}} \quad \rightarrow \quad Q = \frac{D}{N} = \frac{500 \text{ unidades/año}}{3 \text{ pedidos/año}} = 166,67 \text{ unidades}$$

$$CT = CA + CL + CM = (D \times p) + \left(c_L \times \frac{D}{Q} \right) + \left(\frac{1}{2} \times Q \times c_M \right)$$

$$CT(Q = 250) = (500 \times 100) + \left(40 \times \frac{500}{250} \right) + \left(\frac{1}{2} \times 250 \times 1 \right) = 50.205 \frac{\text{euros}}{\text{año}}$$

$$CT(Q = 167) = (500 \times 100) + \left(40 \times \frac{500}{167} \right) + \left(\frac{1}{2} \times 167 \times 1 \right) = 50.203 \frac{\text{euros}}{\text{año}}$$

El lote económico es de 167 unidades, con un coste anual de la gestión de inventarios de 50.203 euros.

Ejercicio 15

Los datos para los próximos cuatro periodos de la demanda de un producto en unidades y sus costes en euros se recogen en la tabla.

Mes	1	2	3	4
Demanda	4	3	2	1
Coste unitario de posesión	10	9	8	7
Coste unitario de rotura	20	18	16	14
Coste unitario de compra	1	2	3	2
Coste de lanzamiento	10	20	15	7

El inventario inicial es de 1 unidad y se desea un inventario final de 2 unidades. Determine el coste total acumulado óptimo de ir desde el inicio del periodo 3 al final del periodo 4 en el caso de que el inventario al inicio del periodo 3 fuera de menos tres [- 3] unidades.

Solución:

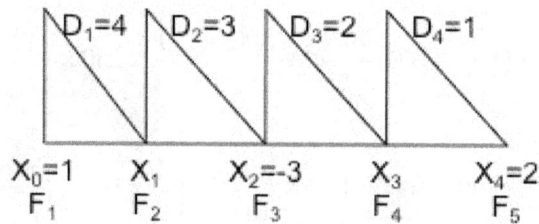

$D_1=4$ $D_2=3$ $D_3=2$ $D_4=1$

$X_0=1$ X_1 $X_2=-3$ X_3 $X_4=2$
F_1 F_2 F_3 F_4 F_5

Etapa 4

X_3	$U_4=0$	$U_4=1$	$U_4=2$	$U_4=3$	$U_4=4$	$U_4=5$	$U_4=6$	$U_4=7$	$U_4=8$	F_4
-5									i	37
-4								h		35
-3							g			33
-2						f				31
-1					e					29
0				d						27
1			c							25
2		b								23
3	a									14

a	0 + 0 + 14 + 0 = 14
b	7 + 2 + 14 + 0 = 23
c	7 + 4 + 14 + 0 = 25
d	7 + 6 + 14 + 0 = 27
e	7 + 8 + 14 + 0 = 29
f	7 + 10 + 14 + 0 = 31
g	7 + 12 + 14 + 0 = 33
hi	7 + 14 + 14 + 0 = 35
i	7 + 16 + 14 + 0 = 37

Etapa 3

X_2	$U_3=0$	$U_3=1$	$U_3=2$	$U_3=3$	$U_3=4$	$U_3=5$	$U_3=6$	$U_3=7$	$U_3=8$	F_3
-3	j	k	l	m	n	o	p	q	r	57

j	0 + 0 + 80 + 37 = 117
k	15 + 3 + 64 + 35 = 117
l	15 + 6 + 48 + 33 = 102
m	15 + 9 + 32 + 31 = 87
n	15 + 12 + 16 + 29 = 72
o	15 + 15 + 0 + 27 = 57
p	15 + 18 + 8 + 25 = 66
q	15 + 21 + 16 + 23 = 75
r	15 + 24 + 24 + 14 = 77

El coste óptimo de ir desde el inicio del periodo tres hasta el final del periodo cuatro entrando en el periodo tres con - 3 unidades en el inventario es de 57 euros.

Capítulo 6: Planificación de la producción

Ejercicio 1

Una empresa dedicada a la fabricación de electrodomésticos tiene dos líneas de producción, lavadoras y lavavajillas. De lavadoras fabrican dos modelos, el de lujo (LL) y el normal (LN). El modelo de lujo lleva incorporado un programador electrónico para el lavado, mientras que en el modelo normal y el lavavajillas el programador es opcional, pudiendo adquirirse con programador electrónico (CPE) o sin programador electrónico (SPE). La demanda para los cuatro próximos meses de cada producto expresada en unidades se recoge en la tabla.

El tiempo necesario para el ensamblado de una unidad se refleja en la columna minutos montaje de la tabla. Se desea que el inventario al final del cuarto mes sea el mismo que el inicial. Teniendo en cuenta que se desea mantener un inventario de seguridad al final de cada mes igual a la demanda prevista para el mes siguiente, determine las necesidades netas de cada línea de fabricación.

Artículo	Demanda trimestre				Stock inicial	Minutos montaje
	1	2	3	4		
Lavadora LL	250	300	250	350	300	80
Lavadora LN - SPE	750	650	750	800	700	60
Lavadora LN - CPE	350	450	400	500	400	70
Lavavajillas SPE	80	50	80	50	50	80
Lavavajillas CPE	150	50	250	50	100	90

Solución:

LAVADORAS LL				
Periodo	1	2	3	4
N. Brutas	250	300	250	350
Stock inicial	300	300	250	350
Stock final	300	250	350	300
N. Netas en unidades	250	250	350	300
N. Netas en minutos	20.000	20.000	28.000	24.000

$$NN_t = NB_t + SF_t - SI_t$$

LAVADORAS LN - SPE				
Periodo	1	2	3	4
N. Brutas	750	650	750	800
Stock inicial	700	650	750	800
Stock final	650	750	800	700
N. Netas en unidades	700	750	800	700
N. Netas en minutos	42.000	45.000	48.000	42.000

$$NN_t = NB_t + SF_t - SI_t$$

LAVADORAS LN - CPE				
Periodo	1	2	3	4
N. Brutas	350	450	400	500
Stock inicial	400	450	400	500
Stock final	450	400	500	400
N. Netas en unidades	400	400	500	400
N. Netas en minutos	28.000	28.000	35.000	28.000

$$NN_t = NB_t + SF_t - SI_t$$

FAMILIA de LAVADORAS LN				
Periodo	1	2	3	4
Lavadoras LN - SPE	42.000	45.000	48.000	42.000
Lavadoras LN - CPE	28.000	28.000	35.000	28.000
TOTAL Minutos	70.000	73.000	83.000	70.000

LÍNEA de LAVADORAS				
Periodo	1	2	3	4
Lavadoras LL	20.000	20.000	28.000	24.000
Lavadoras LN	70.000	73.000	83.000	70.000
TOTAL Minutos	90.000	93.000	111.000	94.000

LAVAVAJILLAS SPE				
Periodo	1	2	3	4
N. Brutas	80	50	80	50
Stock inicial	50	50	80	50
Stock final	50	80	50	50
N. Netas	80	80	50	50
Minutos	6.400	6.400	4.000	4.000

$$NN_t = NB_t + SF_t - SI_t$$

LAVAVAJILLAS CPE				
Periodo	1	2	3	4
N. Brutas	150	50	250	50
Stock inicial	100	50	250	50
Stock final	50	250	50	100
N. Netas	100	250	50	100
Minutos	9.000	22.500	4.500	9.000

$$NN_t = NB_t + SF_t - SI_t$$

LÍNEA de LAVAVAJILLAS				
Periodo	1	2	3	4
Lavavajillas - SPE	6.400	6.400	4.000	4.000
Lavavajillas - CPE	9.000	22.500	4.500	9.000
TOTAL Minutos	15.400	28.900	8.500	13.000

Periodo	1	2	3	4
Línea de Lavadoras	90.000	93.000	111.000	94.000

Periodo	1	2	3	4
Línea de Lavavajillas	15.400	28.900	8.500	13.000

Ejercicio 2

La demanda en unidades a nivel de línea de productos de una empresa para los próximos cinco meses se recoge en la tabla.

Mes	1	2	3	4	5
Demanda	80	80	90	100	80

La productividad es de 10 unidades por trabajador y mes. Sólo pueden hacerse horas extras como máximo dos meses, sin sobrepasar el 30% del tiempo normal. Los costes de contratación y despido alcanzan los 300 y 600 euros respectivamente, siendo el salario mensual de los trabajadores de 1.000 euros, el coste de producción unitario 10 euros, la tasa de interés del 10% mensual y las horas extras 50% más caras que las horas normales. Sabiendo que las existencias iniciales son de 38 unidades, halle un plan de producción para dicha empresa, que permita satisfacer la demanda de los cinco meses, basándose en una estrategia intuitiva de ajustar la producción a la demanda mediante la utilización de horas extraordinarias y calcule el coste de dicho plan.

Solución:

$$\sum_{i=1}^{4} NB_i = 80 + 80 + 90 + 100 + 80 = 430 \text{ unidades}$$

$$\sum_{i=1}^{4} NN_i = \sum_{i=1}^{4} NB_i - S_0 = 430 - 38 = 392 \text{ unidades}$$

$$\left(10 \frac{\text{unidades}}{\text{trabaj.} \cdot \text{mes}} \times \text{n trabaj.} \times 3 \text{ meses} \right) + \left(10 \frac{\text{unidades}}{\text{trabaj.} \cdot \text{mes}} \times \text{n trabaj.} \times 2 \text{ meses} \times 1,30 \right) = 392$$

$$\boxed{n = 7 \text{ trabajadores}}$$

Mes	0	1	2	3	4	5
N. Netas		80	80	90	100	80
Mano obra		7	7	7	7	7
PHN		70	70	70	70	70
PHE		0	0	21	21	0
Stock final	38	28	18	19	10	0
COSTES						
Nómina		7.000	7.000	7.000	7.000	7.000
Horas Extras		0	0	3.150	3.150	0
Inventario		28	18	19	10	0
PERIODO		7.028	7.018	10.169	10.160	7.000
COSTE TOTAL = 41.375 euros						

Ejercicio 3

La demanda para los próximos siete meses de un producto fabricado por una empresa viene dada en la tabla.

Mes	1	2	3	4	5	6	7
Demanda	100	100	90	90	100	110	100

La capacidad mensual de producción de la planta es de 100. Los costes de producción ascienden a 20 euros por unidad y los costes de mantenimiento en inventario a 1 euro por unidad y mes. El inventario inicial es de 40 unidades, que se desea se mantengan al final de cada periodo. Calcule el plan óptimo de producción y determine su coste.

Solución:

i	1	2	3	4	5	6	7
D_i	60	100	90	90	100	110	100
HN1 100	20 60	21 40	22 —	23 —	24 —	25 —	26 —
HN2 100		20 60	21 40	22 —	23 —	24 —	25 —
HN3 100			20 50	21 40	22	23	24
HN4 100				20 50	21 40	22	23 10
HN5 100					20 60	21 40	22 —
HN6 100						20 70	21 30
HN7 100							20 60

Coste = (60 x 20) + (60 x 20) + (50 x 20) + (50 x 20) + (60 x 20) + (70 x 20) + (60 x 20) + (40 x 21) x 5 + (30 x 21) + (10 x 23) = 13.260 euros

Ejercicio 4

Una empresa dedicada al montaje de productos informáticos tiene dos líneas de productos, ordenadores e impresoras. La empresa ensambla dos tipos de ordenadores, el normal y el multimedia, pudiendo este último adquirirse con tarjeta de sonido normal (TSN) o con una tarjeta de sonido especial de altas prestaciones para amantes de los juegos y la buena música (TSE). La demanda para los tres próximos meses de cada producto expresada en unidades se recoge en la tabla.

Artículo	Demanda			Stock inicial	Minutos montaje
	1	2	3		
Ordenador normal	700	700	700	300	70
Ordenador multimedia - TSN	500	200	600	0	80
Ordenador multimedia - TSE	100	300	0	50	90
Impresora Láser	100	0	100	0	120
Impresora Chorro de Tinta	0	200	100	200	90

El tiempo necesario para el ensamblado de una unidad se refleja en la columna minutos montaje de la tabla. Se desea que el inventario al final del tercer mes sea el mismo que el inicial. Teniendo en cuenta que se desea mantener un inventario de seguridad al final de cada mes igual a la demanda prevista para el mes siguiente, determine las necesidades netas de cada familia de ordenadores y de la línea de impresoras.

Solución:

FAMILIA de ORDENADORES NORMAL			
Periodo	1	2	3
N. Brutas	700	700	700
Stock inicial	300	700	700
Stock final	700	700	300
N. Netas en unidades	1.100	700	300
N. Netas en minutos	77.000	49.000	21.000

$$NN_t = NB_t + SF_t - SI_t$$

ORDENADOR MULTIMEDIA - TSN			
Periodo	1	2	3
N. Brutas	500	200	600
Stock inicial	0	200	600
Stock final	200	600	0
N. Netas en unidades	700	600	0
N. Netas en minutos	56.000	48.000	0

$$NN_t = NB_t + SF_t - SI_t$$

ORDENADOR MULTIMEDIA - TSE			
Periodo	1	2	3
N. Brutas	100	300	0
Stock inicial	50	300	0
Stock final	300	0	50
N. Netas en unidades	350	0	50
N. Netas en minutos	31.500	0	4.500

$$NN_t = NB_t + SF_t - SI_t$$

FAMILIA de ORDENADORES MULTIMEDIA			
Periodo	1	2	3
Multimedia - TSN	56.000	48.000	0
Multimedia - TSE	31.500	0	4.500
TOTAL minutos	87.500	48.000	4.500

IMPRESORA LÁSER			
Periodo	1	2	3
N. Brutas	100	0	100
Stock inicial	0	0	100
Stock final	0	100	0
N. Netas en unidades	100	100	0
N. Netas en minutos	12.000	12.000	0

$$NN_t = NB_t + SF_t - SI_t$$

IMPRESORA CHORRO de TINTA			
Periodo	1	2	3
N. Brutas	0	200	100
Stock inicial	200	200	100
Stock final	200	100	200
N. Netas en unidades	0	100	200
N. Netas en minutos	0	9.000	18.000

$$NN_t = NB_t + SF_t - SI_t$$

LÍNEA de IMPRESORAS			
Periodo	1	2	3
Láser	12.000	12.000	0
Chorro de Tinta	0	9.000	18.000
TOTAL minutos	12.000	21.000	18.000

Ejercicio 5

La demanda en unidades a nivel de línea de productos de una empresa para los próximos cinco meses se recoge en la tabla.

Mes	1	2	3	4	5
Demanda	80	80	90	100	80

La productividad es de 10 unidades por trabajador y mes. Sólo pueden hacerse horas extras como máximo dos meses, sin sobrepasar el 30% del tiempo normal. Los costes de contratación y despido alcanzan los 300 y 600 euros respectivamente, siendo el salario mensual de los trabajadores de 1.000 euros, el coste de producción unitario 10 euros, la tasa de interés del 10% anual y las horas extras 50% más caras que las horas normales. Sabiendo que las existencias iniciales son de 38 unidades y que trabajan en la empresa 7 operarios, formule un programa lineal que permita determinar el plan maestro óptimo de producción ajustando la producción a la demanda sólo mediante horas extraordinarias.

Solución:

$$\text{Coste hora normal} = \frac{1000 \text{ euros}/\text{mes}}{160 \text{ horas}/\text{mes}} = 6,25 \frac{\text{euros}}{\text{hora}}$$

Coste hora extra = 6,25 x 1,50 = 9,375 euros hora

Coste hora extra 7 trabajadores = 9,375 x 7 = 65,625 euros

$$\text{Min} \quad \sum_{t=0}^{5} \left\{ 1000 \cdot W_{t+1} + 1 \cdot S_{t+1} + 65,625 \cdot NHE_{t+1} \right\}$$

$$S_{t+1} = S_t + P_{t+1} - D_{t+1} \qquad t = 0 \dots 5$$

$$P_{t+1} = PHN_{t+1} + PHE_{t+1} \qquad t = 0 \dots 5$$

$$PHN_{t+1} = 10 \; W_{t+1} \qquad t = 0 \dots 5$$

$$PHE_t \leq 0,30 \cdot PHN_t \qquad t = 3, 4$$

$$NHE_t = PHE_t / 70$$

$$S_0 = 38$$

$$W_t = 7 \qquad t = 0 \dots 5$$

$$W_{t+1}, S_{t+1}, P_{t+1}, PHN_{t+1}, PHE_{t+1}, NHE_{t+1} \geq 0$$

Donde W es el número de trabajadores, S el inventario al final del periodo, P la producción total, PHN la producción en horas normales, PHE la producción en horas extras, NHE el número de horas extraordinarias, t el periodo.

Ejercicio 6

La demanda en unidades a nivel de línea de productos de una empresa para los próximos seis meses se recoge en la tabla.

Mes	1	2	3	4	5	6
Demanda	80	80	90	100	80	80

La productividad es de 10 unidades por trabajador y mes. Sólo pueden hacerse horas extras como máximo dos meses, sin sobrepasar el 30% del tiempo normal. Los costes de contratación y despido alcanzan los 200 y 400 euros respectivamente, siendo el salario mensual de los trabajadores de 1.000 euros, el coste de producción unitario 10 euros, la tasa de interés del 10% anual y las horas extras 50% más caras que las horas normales. Sabiendo que las existencias iniciales son de 40 unidades y el espacio físico disponible admite como máximo 200 unidades cada mes, halle un plan de producción para dicha empresa, que permita satisfacer la demanda de los seis meses, basándose en una estrategia intuitiva de ajustar la producción a la demanda mediante la contratación y despido de mano de obra, y calcule el coste de dicho plan.

Solución:

Mes	0	1	2	3	4	5	6
N. Brutas		80	80	90	100	80	80
Stock Final	40						
N. Netas		40	80	90	100	80	80

$$NN_t = NB_t - SF_{t-1}$$

Mes	1	2	3	4	5	6
N. Netas	40	80	90	100	80	80
PHN	40	80	90	100	80	80
Mano obra	4	8	9	10	8	8
COSTES						
Nómina	4.000	8.000	9.000	10.000	8.000	8.000
Contratación	0	800	200	200	0	0
Despido	0	0	0	0	800	0
PERIODO	4.000	8.800	9.200	10.200	8.800	8.000
COSTE TOTAL = 49.000 euros						

$$PHN_t = NN_t$$

$$MO_t = PHN_t / 10$$

$$\text{Coste Mano Obra}_t = 1.000 \, \frac{\text{euros}}{\text{trabajador} \cdot \text{mes}} \times MO_t \; \text{trabajadores}$$

Ejercicio 7

La previsión de demanda en unidades de los productos fabricados por una empresa para los próximos seis meses se recoge en la tabla.

Mes	1	2	3	4	5	6
Bicicletas	200	300	300	200	100	150
Ciclomotores	100	150	200	150	50	100

El tiempo de montaje de una bicicleta es de 1 hora y el de un ciclomotor 2 horas. El inventario inicial de bicicletas es de 100 unidades y el de ciclomotores 50 unidades. La política de la empresa marca la existencia al final de cada periodo de un inventario de seguridad de 50 unidades como mínimo de cada uno de los productos. El coste de lanzamiento para la línea de vehículos de dos ruedas es de 5.000 euros. El coste de mantenimiento de la producción realizada en una hora asciende a 10 euros por mes. La política de personal de la empresa impide la contratación y despido de mano de obra así como las horas extras, es por ello que el director de producción le solicita que lleve a cabo la planificación agregada de la producción a nivel de línea de producto mediante una sencilla gestión de inventarios aplicando el método denominado equilibrado de costes o *lot period*.

Solución:

BICICLETAS							
Periodo	0	1	2	3	4	5	6
N. Brutas		200	300	300	200	100	150
Stock inicial		100	50	50	50	50	50
Stock final	100	50	50	50	50	50	50
NN unidades		150	300	300	200	100	150
NN horas		150	300	300	200	100	150

$$NN_t = NB_t + SF_t - SI_t$$

CICLOMOTORES							
Periodo	0	1	2	3	4	5	6
N. Brutas		100	150	200	150	50	100
Stock inicial		50	50	50	50	50	50
Stock final	50	50	50	50	50	50	50
NN unidades		100	150	200	150	50	100
NN horas		200	300	400	300	100	200

$$NN_t = NB_t + SF_t - SI_t$$

LÍNEA de VEHÍCULOS de DOS RUEDAS						
Periodo	1	2	3	4	5	6
Bicicletas	150	300	300	200	100	150
Ciclomotores	200	300	400	300	100	200
NN horas	350	600	700	500	200	350

$$CL = CM$$

$$5.000 \text{ euros} = 10 \frac{\text{euros}}{\text{hora} \cdot \text{mes}} \times H \text{ horas} \cdot \text{mes} \quad \Rightarrow \quad H = \frac{5.000}{10} = 500 \text{ horas} \cdot \text{mes}$$

J	D_j	$(j-1) D_j$	$\Sigma (j-1) D_j$
1	350	0	0
2	600	600	600

500 se aproxima más a 600 que a 0 $\Rightarrow$ debe fabricar la demanda de los dos periodos.

J	D_j	$(j-1) D_j$	$\Sigma (j-1) D_j$
1	700	0	0
2	500	500	500

500 se aproxima más a 500 que a 0 $\Rightarrow$ debe fabricar la demanda de los dos periodos.

J	D_j	$(j-1) D_j$	$\Sigma (j-1) D_j$
1	200	0	0
2	350	350	350

500 se aproxima más a 350 que a 0 $\Rightarrow$ debe fabricar la demanda de los dos periodos.

Periodo	1	2	3	4	5	6
N. Netas en horas	350	600	700	500	200	350
PHN	950	0	1.200	0	550	0
Stock final	600	0	500	0	350	0
COSTES						
Lanzamiento	5.000	0	5.000	0	5.000	0
Mantenimiento	6.000	0	5.000	0	3.500	0
Coste Periodo	11.000	0	10.000	0	8.500	0
COSTE TOTAL = 29.500 euros						

Ejercicio 8

Vero y Vane han pasado las vacaciones de Navidad intentando esquiar. Si bien no han encontrado nieve, en la estación de esquí encontraron un viejo amigo de la universidad, Kevin. Kevin les ha contado que está tratando de poner en marcha una pequeña empresa del sector de la automoción y que le gustaría mucho contar con su experiencia empresarial, es por ello que ambas se han sumado a dicho proyecto empresarial. De momento utilizarán la planta de producción en la que Vero y Vane ensamblan sus aeronaves de madera. La previsión de ventas en unidades para los próximos cinco meses se muestra en la tabla.

	MES					Stock inicial
	1	**2**	**3**	**4**	**5**	
Aeronave madera	2000	2000	2000	1500	1500	8000
Patinete turbo	1500	1500	1500	1000	1000	2100
Monopatín	2000	3000	2500	1500	2000	10000
Patinete	2000	1500	2000	2000	1500	2900
Motocicleta 50 cc	500	700	400	600	800	1800

A la línea de productos de juguetes de madera han incorporado la línea de automoción que consta de dos familias, patinetes y motocicletas. Cada motocicleta requiere 1 hora de trabajo para su ensamblado, mientras que los patinetes requieren 0,5 horas y las aeronaves 45 minutos cada una. Los inventarios iniciales de patinetes y motocicletas han sido adquiridos a una empresa cuyo dueño se ha jubilado y liquidado el negocio. Los costes de contratar y enseñar a un trabajador ascienden a 2.000 euros, teniendo en cuenta que los trabajadores tardan 2 semanas en aprender y alcanzar el ritmo de producción normal, es decir, aproximadamente la producción de las 2 primeras semanas de cada operario se traducen en la producción real de 1 semana. Despedir un trabajador cuesta a la nueva empresa "KeVeVa" un promedio de 6.000 euros. Los trabajadores que trabajan actualmente en la planta ensamblando aeronaves ascienden a 10, siendo el salario mensual

141

promedio de un trabajador de 800 euros. Los trabajadores de la línea de aeronaves que tienen tiempo ocioso por escasez de demanda en la línea de aeronaves pasan automáticamente a trabajar en las líneas de automoción, y viceversa, los trabajadores de las líneas de automoción que tengan tiempo ocioso pasan a la línea de aeronaves sí se requieren para satisfacer la demanda, en caso contrario (exceso de capacidad) son despedidos. El margen unitario por cada aeronave de madera es de 15 euros, para los patinetes 20 euros y 1.000 euros para las motocicletas. El coste de almacenamiento semanal asciende a 0,10 euros para las aeronaves, 0,50 euros los patinetes y 1 euro las motocicletas. Vero y Vane han aconsejado a Kevin no permitir las horas extras dado que es la política que vienen empleando en los otros negocios de Vero y Vane y les ha ido muy bien, de esta forma han conseguido un buen clima laboral y una plantilla muy flexible. En la empresa se trabaja 1 turno de 8 horas, 5 días por semana, 4 semanas cada mes. Existe la posibilidad de subcontratar el ensamblado de las motocicletas por la dificultad que ello comporta, el coste de subcontratar el ensamblado de cada motocicleta asciende a 2.000 euros. Los tres amigos están muy preocupados por conocer el coste del plan de producción de cada una de las líneas de producción, lo que a su vez comporta saber sí interesa fabricar en la planta o subcontratar la producción de motocicletas, teniendo en cuenta la política de la empresa de mantener un inventario de seguridad al final de cada periodo igual al 80 % de la demanda del periodo siguiente (a estos efectos suponga que la demanda del periodo 6 de cada producto es igual a la del periodo 1 del mismo producto).

Solución:

AERONAVE de MADERA						
Mes	**0**	**1**	**2**	**3**	**4**	**5**
N. Brutas		2000	2000	2000	1500	1500
Stock Inicial		8000	6000	4000	2000	1200
Stock Final	8000	6000	4000	2000	1200	1600
N. N. unidades		0	0	0	700	1900
N. N. Horas		0	0	0	525	1425

$$SF_t = M\acute{a}x\left\{SF_{t-1} - NB_t; \quad 0,80 \times NBt + 1\right\}$$

$$NN_t = NB_t + SF_t - SI_t$$

PATINETE TURBO						
Mes	**0**	**1**	**2**	**3**	**4**	**5**
N. Brutas		1500	1500	1500	1000	1000
Stock Inicial		2100	1200	1200	800	800
Stock Final	2100	1200	1200	800	800	1200
N. N. unidades		600	1500	1100	1000	1400
N. N. Horas		300	750	550	500	700

$$SF_t = M\acute{a}x\left\{SF_{t-1} - NB_t; \quad 0,80 \times NBt + 1\right\}$$

$$NN_t = NB_t + SF_t - SI_t$$

MONOPATIN						
Mes	0	1	2	3	4	5
N. Brutas		2000	3000	2500	1500	2000
Stock Inicial		10000	8000	5000	2500	1600
Stock Final	10000	8000	5000	2500	1600	1600
N. N. unidades		0	0	0	600	2000
N. N. Horas		0	0	0	300	1000

$$SF_t = M\acute{a}x\left\{SF_{t\text{-}1} - NB_t; \quad 0,80 \times NBt + 1\right\}$$

$$NN_t = NB_t + SF_t - SI_t$$

PATINETE						
Mes	0	1	2	3	4	5
N. Brutas		2000	1500	2000	2000	1500
Stock Inicial		2900	1200	1600	1600	1200
Stock Final	2900	1200	1600	1600	1200	1600
N. N. unidades		300	1900	2000	1600	1900
N. N. Horas		150	950	1000	800	950

$$SF_t = M\acute{a}x\left\{SF_{t\text{-}1} - NB_t; \quad 0,80 \times NBt + 1\right\}$$

$$NN_t = NB_t + SF_t - SI_t$$

FAMILIA de PATINETES						
Mes	**0**	**1**	**2**	**3**	**4**	**5**
Patinete turbo		300	750	550	500	700
Monopatín		0	0	0	300	1000
Patinete		150	950	1000	800	950
TOTAL Horas		450	1700	1550	1600	2650

MOTOCICLETA						
Mes	**0**	**1**	**2**	**3**	**4**	**5**
N. Brutas		500	700	400	600	800
Stock Inicial		1800	1300	600	480	640
Stock Final	1800	1300	600	480	640	400
N. N. unidades		0	0	280	760	560
N. N. Horas		0	0	280	760	560

$$SF_t = Máx\{SF_{t-1} - NB_t; \quad 0,80 \times NBt + 1\}$$

$$NN_t = NB_t + SF_t - SI_t$$

PLAN de PRODUCCIÓN de la LÍNEA AERONAVES de MADERA						
Mes	**0**	**1**	**2**	**3**	**4**	**5**
N. Netas		0	0	0	525	1425
Mano Obra	10	0	0	0	7	6
PHN		0	0	0	1120	960
Stock Final		0	0	0	595	130
COSTES						
Nómina		0	0	0	5600	4800
Inventario		0	0	0	59,5	13
PERIODO		0	0	0	5659	4813
COSTE TOTAL = 10.472,50 euros						

$$\sum_{i=1}^{2} NN_i = 525 + 1425 = 1950 \text{ horas}$$

$$160 \frac{\text{horas}}{\text{trabajador} \cdot \text{mes}} \times n \text{ trabajadores} \times 2 \text{ meses} = 1950 \text{ horas} \quad \Rightarrow \quad n = 7 \text{ trabajadores}$$

$$PHN_t = 160 \frac{\text{horas}}{\text{trabajador} \cdot \text{mes}} \times 7 \text{ trabajadores} = 1120 \frac{\text{horas}}{\text{mes}}$$

$$S_t = S_{t-1} + PHN_t - NN_t$$

$$\text{Coste Nomina}_t = MO_t \times 800 \frac{\text{euros}}{\text{trabajador}}$$

$$\text{Coste Inventario}_t = S_t \times 0,10 \frac{\text{euros}}{\text{unidad} \cdot \text{mes}}$$

PLAN de PRODUCCIÓN de la FAMILIA de PATINETES						
Mes	**0**	**1**	**2**	**3**	**4**	**5**
N. Netas		450	1700	1550	1600	2650
Mano Obra	10	10	13	13	6	6
Contratar		3	0	0	0	0
PHN		1960	2080	2080	960	960
Stock Final		1510	1890	2420	1780	90
COSTES						
Nómina		10400	10400	10400	4800	4800
Contratar		6000	0	0	0	0
Inventario		755	945	1210	890	45
PERIODO		17155	11345	11610	5690	4845
COSTE TOTAL = 50.645 euros						

$$\sum_{i=1}^{5} NB_i = 450 + 1700 + 1550 + 1600 + 2650 = 7950 \text{ horas}$$

$$160 \frac{\text{horas}}{\text{trabajador} \cdot \text{mes}} \times n \text{ trabaj.} \times 5 \text{ meses} = 7950 \text{ horas}$$

n = 10 trabajadores

$$PHN_t = \left(160 \frac{horas}{trabajador \cdot mes} \times MO_t \right) + \left(120 \frac{horas}{trabajador \cdot mes} \times C_t \right)$$

$$S_t = S_{t-1} + PHN_t - NN_t$$

$$Coste\ Nomina_t = (MO_t + C_t) \times 800 \frac{euros}{trabajador}$$

$$Coste\ Contratar_t = C_t \times 2000 \frac{euros}{trabajador}$$

$$Coste\ Inventario_t = S_t \times 0,50 \frac{euros}{unidad \cdot mes}$$

PLAN de PRODUCCIÓN de la FAMILIA de MOTOCICLETAS						
Mes	**0**	**1**	**2**	**3**	**4**	**5**
N. Netas		0	0	280	760	560
Mano Obra		0	2	2	2	2
Contratar		2	0	0	0	0
PHN		240	320	320	320	480
Stock Final		240	560	600	160	80
COSTES						
Nómina		1600	1600	1600	1600	2400
Contratar		4000	0	0	0	0
Inventario		240	560	600	160	80
PERIODO		5840	2160	2200	1760	2480
COSTE TOTAL = 14.440 euros						

$$\sum_{i=1}^{3} NB_i = 280 + 760 + 560 = 1600 \text{ horas}$$

$$160 \frac{\text{horas}}{\text{trabajador} \cdot \text{mes}} \times n \text{ trabaj.} \times 5 \text{ meses} = 1600 \text{ horas}$$

n = 2 trabajadores

149

$$PHN_t = \left(160\,\frac{horas}{trabajador \cdot mes} \times MO_t\right) + \left(120\,\frac{horas}{trabajador \cdot mes} \times C_t\right)$$

$$S_t = S_{t-1} + PHN_t - NN_t$$

$$Coste\ Nomina_t = (MO_t + C_t) \times 800\,\frac{euros}{trabajador}$$

$$Coste\ Contratar_t = C_t \times 2000\,\frac{euros}{trabajador}$$

$$Coste\ Inventario_t = S_t \times 1\,\frac{euro}{unidad \cdot mes}$$

Ejercicio 9

Se desea planificar la producción del próximo semestre en una empresa que cuenta con 6 trabajadores que trabajan a un solo turno de 8 horas diarias. La tabla recoge la demanda en unidades prevista para los próximos seis meses así como los días laborables de cada mes.

Mes	1	2	3	4	5	6
Demanda	800	600	800	900	800	600
Días	23	23	21	23	21	21

Los datos relativos a los costes se muestran en la tabla siguiente.

Coste mensual de mantenimiento stock	1 euro / unidad
Coste mensual de rotura de inventario	10 euros / unidad
Coste de subcontratación	160 euros / unidad
Coste de contratación	400 euros / trabajador
Coste de despido	1.100 euros / trabajador
Horas de trabajo por unidad	2 horas
Coste de la mano de obra	10 euros / hora
Coste de las horas extraordinarias	10 euros / hora
Inventario inicial	300 unidades

Las horas extraordinarias que puede llevar a cabo mensualmente cada operario se limitan a 10. El gerente de la empresa ha planteado las siguientes alternativas con el objetivo de que le indique cuál de ellas es la más eficiente.

Plan 1. Producir la demanda media del semestre sin modificar la plantilla original de la empresa, permitiendo retrasar los pedidos para los que no disponga suficiente inventario.

Plan 2. Modificar la plantilla original de la empresa según corresponda, con el objetivo de satisfacer la demanda de cada mes.

Plan 3. Producir la demanda mínima sin modificar la plantilla original de la empresa, acudiendo a la subcontratación si es necesario.

Solución:

Mes	0	1	2	3	4	5	6
N. Brutas		800	600	800	900	800	600
Stock final	300	0	0	0	0	0	0
N. Netas unidades		500	600	800	900	800	600
N. Netas horas		1000	1200	1600	1800	1600	1200

$$S_t = Máx\{S_{t-1} - NB_t; \quad 0\}$$

$$NN_t = NB_t - S_{t-1}$$

PLAN 1: Producir demanda mensual media

$$\overline{D} = \frac{\sum_{t=1}^{6} D_t}{6} = \frac{8.400}{6} = 1.400 \frac{horas}{mes}$$

$$\text{Días trabajados en 6 meses} = 23 + 23 + 21 + 23 + 21 + 21 = 132 \frac{días}{trabajador}$$

$$\text{HN trabajadas en 6 meses} = 132 \frac{días}{trabajador} \times 8 \frac{horas}{día} = 1.056 \frac{horas}{trabajador}$$

$$\text{HE trabajadas en 6 meses} = 6 \text{ meses} \times 10 \ \frac{\text{horas}}{\text{trabajador} \cdot \text{mes}} = 60 \ \frac{\text{horas}}{\text{trabajador}}$$

$$\left(\text{HN} + \text{HE}\right) \text{ trabajados en los seis meses} = 1.056 + 60 = 1.116 \ \frac{\text{horas}}{\text{trabajador}}$$

$$\text{MO}_t = \frac{1.400 \ \dfrac{\text{horas}}{\text{mes}} \times 6 \text{ meses}}{1.116 \ \dfrac{\text{horas}}{\text{trabajador}}} = 8 \text{ trabajadores}$$

Mes	1	2	3	4	5	6
N. Netas	1000	1200	1600	1800	1600	1200
D. media	1400	1400	1400	1400	1400	1400
Mano obra	6	8	8	8	8	8
Contratar	2	0	0	0	0	0
PHN	1472	1472	1344	1472	1344	1344
PHE	0	0	0	0	80	0
Stock final	472	744	488	160	-16	128
COSTES						
Nómina	29440	29440	26880	29440	26880	26880
Horas extras	0	0	0	0	3200	0
Contratación	800	0	0	0	0	0
Inventario	236	372	244	80	480	24
PERIODO	30476	29812	27124	29520	30560	26904
COSTE TOTAL = 174.396 euros						

$$PHN_t = 8 \text{ trabajadores} \times \text{días}_t \frac{\text{días}}{\text{trabajador} \cdot \text{mes}} \times 8 \frac{\text{horas}}{\text{día}}$$

$$PHE_t = 8 \text{ trabajadores} \times 10 \frac{\text{horas}}{\text{trabajador} \cdot \text{mes}}$$

$$S_t = S_{t-1} + PHN_t + PHE_t - NN_t$$

$$\text{Coste Nomina}_t = PHN_t \frac{\text{horas}}{\text{mes}} \times 20 \frac{\text{euros}}{\text{hora}}$$

$$\text{Coste Contratación}_t = C_t \times 400 \frac{\text{euros}}{\text{trabajador contratado}}$$

$$\text{Coste Inventario}_t = \begin{cases} S_t \text{ horas} \times \frac{1}{2} \frac{\text{unidad}}{\text{horas}} \times 1 \frac{\text{euro}}{\text{unidad} \cdot \text{mes}} & S_t \geq 0 \\ S_t \text{ horas} \times \frac{1}{2} \frac{\text{unidad}}{\text{horas}} \times 10 \frac{\text{euro}}{\text{unidad} \cdot \text{mes}} & S_t < 0 \end{cases}$$

PLAN 2: Contratar y despedir

Mes	1	2	3	4	5	6
N. Netas	1000	1200	1600	1800	1600	1200
PHN	1000	1200	1600	1800	1600	1200
Mano obra	6	6	6	10	10	9
Contratar	0	0	4	0	0	0
Despedir	0	0	0	0	1	2
PHN real	1104	1104	1680	1840	1512	1176
Stock final	104	8	88	128	40	16
COSTES						
Nómina	22080	22080	33600	36800	30240	23520
Contratación	0	0	1600	0	0	0
Despido	0	0	0	0	1000	2000
Inventario	52	4	44	64	20	8
PERIODO	22132	22084	35244	36864	31260	25528
COSTE TOTAL = 173.112 euros						

$$PHN_t = NN_t$$

$$HN_t = días_t \frac{días}{trabajador \cdot mes} \times 8 \frac{horas}{día}$$

$$MO_t = \frac{PHN_t \dfrac{horas}{mes}}{HN_t \dfrac{horas}{trabajador \cdot mes} + 10 \dfrac{horas\ extras}{trabajador \cdot mes}}$$

$$\text{PHN real}_t = \text{MO}_t \text{ trabajadores} \times \text{días}_t \; \frac{\text{días}}{\text{trabajador} \cdot \text{mes}} \times 8 \; \frac{\text{horas}}{\text{día}}$$

$$S_t = S_{t-1} + \text{PHN}_t - \text{NN}_t$$

$$\text{Coste Nomina}_t = \text{PHN real}_t \; \frac{\text{horas}}{\text{mes}} \times 20 \; \frac{\text{euros}}{\text{hora}}$$

$$\text{Coste Contratación}_t = C_t \times 400 \; \frac{\text{euros}}{\text{trabajador contratado}}$$

$$\text{Coste Despido}_t = \text{DE}_t \times 1.000 \; \frac{\text{euros}}{\text{trabajador despedido}}$$

$$\text{Coste Inventario}_t = \begin{cases} S_t \text{ horas} \times \dfrac{1}{2} \dfrac{\text{unidad}}{\text{horas}} \times 1 \dfrac{\text{euro}}{\text{unidad} \cdot \text{mes}} & S_t \geq 0 \\[3mm] S_t \text{ horas} \times \dfrac{1}{2} \dfrac{\text{unidad}}{\text{horas}} \times 10 \dfrac{\text{euro}}{\text{unidad} \cdot \text{mes}} & S_t < 0 \end{cases}$$

PLAN 3: Producir demanda mínima y subcontratar

Mes	1	2	3	4	5	6
N. Netas	1000	1200	1600	1800	1600	1200
Mano obra	6	7	7	7	7	7
Contratar	1	0	0	0	0	0
PHN	1288	1288	1176	1288	1176	1176
PHE	70	70	70	70	70	70
Subcontratar	0	0	0	280	308	0
Stock final	358	516	162	0	-46	0
COSTES						
Nómina	25760	25760	23520	25760	23520	23520
Contratación	400	0	0	0	0	0
Horas extras	2800	2800	2800	2800	2800	2800
Subcontratar	0	0	0	22400	24640	0
Inventario	179	258	81	0	230	0
PERIODO	29139	28818	26401	50960	51190	26320
COSTE TOTAL = 212.828 euros						

$$D_{\text{mínima}} = 600 \frac{\text{unidades}}{\text{mes}} \times 2 \frac{\text{horas}}{\text{unidad}} = 1.200 \frac{\text{horas}}{\text{mes}}$$

$$MO_t = \frac{1.200 \dfrac{\text{horas}}{\text{mes}} \times 6 \text{ meses}}{1.116 \dfrac{\text{horas}}{\text{trabajador}}} = 7 \text{ trabajadores}$$

$$\text{PHN}_t = 7 \text{ trabajadores} \times \text{días}_t \frac{\text{días}}{\text{trabajador} \cdot \text{mes}} \times 8 \frac{\text{horas}}{\text{día}}$$

$$\text{PHE}_t = 7 \text{ trabajadores} \times 10 \frac{\text{horas}}{\text{trabajador} \cdot \text{mes}} = 70 \frac{\text{horas}}{\text{mes}}$$

$$\text{Subcontratar}_t = \text{Máx}\{\text{NN}_t - \text{S}_{t-1} - \text{PHN}_t - \text{PHE}_t; \quad 0\}$$

$$\text{S}_t = \text{S}_{t-1} + \text{PHN}_t + \text{PHE}_t + \text{Subcontratar}_t - \text{NN}_t$$

$$\text{Coste Nomina}_t = \text{PHN}_t \times 20 \frac{\text{euros}}{\text{hora}}$$

$$\text{Coste Contratación}_t = \text{C}_t \times 400 \frac{\text{euros}}{\text{trabajador contratado}}$$

$$\text{Coste HE}_t = \text{PHE}_t \times 40 \frac{\text{euros}}{\text{hora extra}}$$

$$\text{Coste Subcontratar}_t = 160 \, \frac{\text{euros}}{\text{unidad}} \times \frac{1}{2} \, \frac{\text{unidad}}{\text{horas}} \times \text{Subcontratar}_t$$

$$\text{Coste Inventario}_t = \begin{cases} S_t \, \text{horas} \times \dfrac{1}{2} \, \dfrac{\text{unidad}}{\text{horas}} \times 1 \, \dfrac{\text{euro}}{\text{unidad} \cdot \text{mes}} & S_t \geq 0 \\[3mm] S_t \, \text{horas} \times \dfrac{1}{2} \, \dfrac{\text{unidad}}{\text{horas}} \times 10 \, \dfrac{\text{euro}}{\text{unidad} \cdot \text{mes}} & S_t < 0 \end{cases}$$

El plan de producción que minimiza el coste es el Plan 2 consistente en modificar la plantilla original de la empresa según corresponda, con el objetivo de satisfacer la demanda mensual.

Ejercicio 10

La tabla recoge la demanda agregada en unidades prevista para los próximos seis meses.

Mes	1	2	3	4	5	6
Demanda	1000	2000	500	1000	2000	3000

El inventario inicial es de 500 unidades, el coste unitario de rotura de inventario se estima en 100 euros y el coste unitario de almacenamiento mensual 1 euro. El salario medio es de 10 euros por hora con una productividad media de 4 horas por unidad. La empresa trabaja 30 días al mes en jornadas de 8 horas. El director de operaciones de la empresa desea elaborar un plan agregado de la producción, para ello solicita que le ayude a decidir entre los planes siguientes:

Plan 1. Modificar la plantilla de la empresa, según se requiera, con el objetivo de satisfacer la demanda, sabiendo que la plantilla actual la forman 30 trabajadores. El coste unitario de contratación es de 500 euros y el de despido 1.000 euros.

Plan 2. Producir a una tasa constante igual a la demanda mínima y utilizar, si se requiere, la subcontratación para ajustarse a la demanda. El coste unitario de subcontratación es de 50 euros.

Solución:

Mes	0	1	2	3	4	5	6
N. Brutas		1000	2000	500	1000	2000	3000
Stock Final	500	0	0	0	0	0	0
N. Netas unidades		500	2000	500	1000	2000	3000
N. Netas horas		2000	8000	2000	4000	8000	12000

$$S_t = Máx\{S_{t-1} - NB_t; \quad 0\}$$

$$NN_t = NB_t - S_{t-1}$$

PLAN 1: Contratar y despedir

Mes	1	2	3	4	5	6
N. Netas	2000	8000	2000	4000	8000	12000
PHN	2000	8000	2000	4000	8000	12000
Mano obra	25	25	25	25	25	25
Contratar	0	0	0	0	0	0
Despedir	0	0	0	0	0	0
PHN real	6000	6000	6000	6000	6000	6000
Stock Final	4000	2000	6000	8000	6000	0
COSTES						
Nómina	60000	60000	60000	60000	60000	60000
Contratación	0	0	0	0	0	0
Despido	5000	0	0	0	0	0
Inventario	1000	500	1500	2000	1500	0
PERIODO	66000	60500	61500	62000	61500	60000
COSTE TOTAL = 371.500 euros						

$$PHN_t = NN_t$$

$$HN_t = 30 \, \frac{\text{días}}{\text{trabajador} \cdot \text{mes}} \times 8 \, \frac{\text{horas}}{\text{día}} = 240 \, \frac{\text{horas}}{\text{trabajador} \cdot \text{mes}}$$

$$MO_t = \frac{PHN_t \, \dfrac{\text{horas}}{\text{mes}}}{HN_t \, \dfrac{\text{horas}}{\text{trabajador} \cdot \text{mes}}}$$

$$PHN \, real_t = MO_t \, \text{trabajadores} \times 240 \, \frac{\text{horas}}{\text{trabajador} \cdot \text{mes}}$$

$$S_t = S_{t-1} + PHN_t - NN_t$$

$$\text{Coste Nomina}_t = PHN \, real_t \, \frac{\text{horas}}{\text{mes}} \times 10 \, \frac{\text{euros}}{\text{hora}}$$

$$\text{Coste Contratación}_t = C_t \times 500 \, \frac{\text{euros}}{\text{trabajador contratado}}$$

$$\text{Coste Despido}_t = DE_t \times 1.000 \, \frac{\text{euros}}{\text{trabajador despedido}}$$

$$\text{Coste Inventario}_t = S_t \, \text{horas} \times \frac{1}{4} \, \frac{\text{unidad}}{\text{horas}} \times 1 \, \frac{\text{euro}}{\text{unidad} \cdot \text{mes}}$$

PLAN 2: Producir demanda mínima y subcontratar

Mes	1	2	3	4	5	6
N. Netas	2000	8000	2000	4000	8000	12000
Mano obra	9	9	9	9	9	9
PHN	2160	2160	2160	2160	2160	2160
Subcontratar	0	5680	0	1680	5840	9840
Stock Final	160	0	160	0	0	0
COSTES						
Nómina	21600	21600	21600	21600	21600	21600
SubContratar	0	71000	0	21000	73000	123000
Inventario	40	0	40	0	0	0
PERIODO	21640	92600	21640	42600	94600	144600
COSTE TOTAL = 417.680 euros						

$$D_{mínima} = 500\,\frac{unidades}{mes}$$

$$D_{mínima} = 500\,\frac{unidades}{mes} \times 4\,\frac{horas}{unidad} = 2.000\,\frac{horas}{mes}$$

$$MO_t = \frac{2.000\,\dfrac{horas}{mes}}{240\,\dfrac{horas}{trabajador \cdot mes}} = 9\,trabajadores$$

n = 9 trabajadores

$$PHN_t = 9 \text{ trabajadores} \times 240 \, \frac{\text{horas}}{\text{trabajador} \cdot \text{mes}} = 2.160 \, \frac{\text{horas}}{\text{mes}}$$

$$Subcontratar_t = M\acute{a}x \{ NN_t - S_{t-1} - PHN_t - PHE_t; \quad 0 \}$$

$$S_t = S_{t-1} + PHN_t + Subcontratar_t - NN_t$$

$$Coste \, Nomina_t = 2.160 \, \frac{\text{horas}}{\text{mes}} \times 10 \, \frac{\text{euros}}{\text{hora}} = 21.600 \, \frac{\text{euros}}{\text{mes}}$$

$$Coste \, Contrataci\acute{o}n_t = C_t \times 400 \, \frac{\text{euros}}{\text{trabajador contratado}}$$

$$Coste \, Subcontratar_t = 50 \, \frac{\text{euros}}{\text{unidad}} \times \frac{1}{4} \, \frac{\text{unidad}}{\text{horas}} \times Subcontratar_t$$

$$Coste \, Inventario_t = S_t \, \text{horas} \times \frac{1}{4} \, \frac{\text{unidad}}{\text{horas}} \times 1 \, \frac{\text{euro}}{\text{unidad} \cdot \text{mes}}$$

El plan de producción que minimiza el coste es el Plan 1 consistente en modificar la plantilla de la empresa según se requiera, con el objetivo de satisfacer la demanda.

Ejercicio 11

La tabla siguiente recoge las previsiones mensuales de ventas de una empresa para los próximos seis meses en unidades y los días laborables de cada mes.

Mes	1	2	3	4	5	6
Demanda	1000	800	900	1300	1400	1200
Días	22	15	21	21	23	21

Los datos relativos a los costes se muestran en la tabla.

Coste mensual de mantenimiento stock	1 euro / unidad
Coste de subcontratación	13 euros / unidad
Coste de contratación	100 euros / trabajador
Coste de despido	1.000 euros / trabajador
Horas de trabajo por unidad	1 hora
Coste de la mano de obra	10 euros / hora
Coste de las horas extraordinarias	15 euros / hora

Determine cual de las tres estrategias que dispone la empresa es la mejor.

Plan 1. Mantener una fuerza de trabajo constante durante los seis meses.

Plan 2. Mantener una fuerza de trabajo constante en el nivel necesario para el mes de más baja demanda diaria y subcontratar lo que requiera.

Plan 3. Contratar y despedir trabajadores según sea necesario para producir las necesidades mensuales exactas.

Solución:

PLAN 1: Fuerza de trabajo constante

$$\text{Días de producción} = 22 + 15 + 21 + 21 + 23 + 21 = 123 \text{ días}$$

$$\text{Pr oductividad} = \frac{1}{1}\frac{\text{unidad}}{\text{hora} \cdot \text{trabajador}} \times \frac{8}{1}\frac{\text{horas}}{\text{día}} = 8\frac{\text{unidades}}{\text{trabajador} \cdot \text{día}}$$

$$\text{Demanda} = 1.000 + 800 + 900 + 1.300 + 1.400 + 1.200 = 6.600 \text{ unidades}$$

$$123 \text{ días} \times 8\frac{\text{unidades}}{\text{trabajador} \cdot \text{día}} \times n \text{ trabajadores} = 6.600 \text{ unidades}$$

$$\boxed{n = 7 \text{ trabajadores}}$$

Mes	1	2	3	4	5	6
Necesidades Netas	1000	800	900	1300	1400	1200
Mano obra	7	7	7	7	7	7
PHN	1232	840	1176	1176	1288	1176
Stock Final	232	272	548	424	312	288
COSTES						
Nómina	12320	8400	11760	11760	12880	11760
Inventario	232	272	548	424	312	288
PERIODO	12552	8672	12308	12184	13192	12048
COSTE TOTAL = 70.956 euros						

$$PHN_t = días_t \, \frac{días}{mes} \times 8 \, \frac{unidades}{trabajador \cdot día} \times 7 \text{ trabajadores}$$

$$S_t = S_{t-1} + PHN_t - NN_t$$

$$Coste \, Nomina_t = PHN_t \, \frac{unidades}{mes} \times \frac{1}{1} \, \frac{hora}{unidad} \times 10 \, \frac{euros}{hora}$$

$$Coste \, Inventario_t = S_t \, unidades \times 1 \, \frac{euro}{unidad \cdot mes}$$

PLAN 2: Fuerza de trabajo constante en el nivel necesario para el mes de más baja demanda diaria y subcontratar

Mes	1	2	3	4	5	6
Demanda	1000	800	900	1300	1400	1200
Días	22	16	21	21	23	21
Demanda diaria	46	54	43	62	61	52

Demanda diaria más baja $= 43$ unidades $\Rightarrow$ Demanda del mes $= 900$ unidades

$$Productividad = \frac{1}{1} \frac{unidad}{hora \cdot trabajador} \times \frac{8}{1} \frac{horas}{día} = 8 \frac{unidades}{trabajador \cdot día}$$

$$21 \text{ días} \times 8 \frac{unidades}{trabajador \cdot día} \times n \text{ trabajadores} = 900 \text{ unidades}$$

$$\boxed{n = 6 \text{ trabajadores}}$$

Mes	1	2	3	4	5	6
Necesidades Netas	1000	800	900	1300	1400	1200
Mano obra	6	6	6	6	6	6
PHN	1056	720	1008	1008	1104	1008
Subcontratación	0	24	0	184	296	192
Stock Final	56	0	108	0	0	0
COSTES						
Nómina	10560	7200	10080	10080	11040	10080
Subcontratar	0	312	0	2392	3848	2496
Inventario	56	0	108	0	0	0
PERIODO	10616	7512	10188	12472	14888	12576
COSTE TOTAL = 68.252 euros						

$$\text{PHN}_t = \text{días}_t \frac{\text{días}}{\text{mes}} \times 8 \frac{\text{unidades}}{\text{trabajador} \cdot \text{día}} \times 6 \text{ trabajadores}$$

$$\text{Subcontratar}_t = \text{Máx}\{NN_t - S_{t-1} - PHN_t; \qquad 0\}$$

$$S_t = S_{t-1} + PHN_t + \text{Subcontratar}_t - NN_t$$

$$\text{Coste Nomina}_t = PHN_t \frac{\text{unidades}}{\text{mes}} \times \frac{1}{1} \frac{\text{hora}}{\text{unidad}} \times 10 \frac{\text{euros}}{\text{hora}}$$

$$\text{Coste Subcontratar}_t = \text{Subcontratar}_t \frac{\text{unidades}}{\text{mes}} \times 13 \frac{\text{euros}}{\text{unidad}}$$

$$\text{Coste Inventario}_t = S_t \text{ unidades} \times 1 \frac{\text{euro}}{\text{unidad} \cdot \text{mes}}$$

PLAN 3: Contratar y despedir

Mes	1	2	3	4	5	6
Necesidades Netas	1000	800	900	1300	1400	1200
PHN	1000	800	900	1300	1400	1200
Mano obra	6	6	7	6	8	8
Contratar	0	1	0	2	0	0
Despedir	0	0	1	0	0	0
PHN real	1056	840	1008	1344	1472	1344
Stock Final	56	96	204	248	320	464
COSTES						
Nómina	10560	8400	10080	13440	14720	13440
Contratación	0	100	0	200	0	0
Despido	0	0	1000	0	0	0
Inventario	56	96	204	248	320	464
PERIODO	10616	8596	11284	13888	15040	13904
COSTE TOTAL = 73.328 euros						

$$PHN_t = NN_t$$

$$MO_t = \frac{PHN_t \, \dfrac{\text{unidades}}{\text{mes}}}{\text{días}_t \, \dfrac{\text{días}}{\text{mes}} \times 8 \, \dfrac{\text{unidades}}{\text{trabajador} \cdot \text{día}}}$$

$$PHN \, real_t = \text{días}_t \, \frac{\text{días}}{\text{mes}} \times 8 \, \frac{\text{unidades}}{\text{trabajador} \cdot \text{día}} \times MO_t \text{ trabajadores}$$

$$S_t = S_{t-1} + PHN \, real_t - NN_t$$

El plan de producción que minimiza el coste es el Plan 2 consistente en mantener una fuerza de trabajo constante en el nivel necesario para el mes de más baja demanda diaria y subcontratar lo que requiera.

Ejercicio 12

La tabla recoge la demanda agregada en unidades prevista para los próximos seis meses.

Mes	1	2	3	4	5	6
Demanda	1000	2000	500	1000	2000	3000

El inventario inicial es de 500 unidades, el coste unitario de rotura de inventario se estima en 100 euros y el coste unitario de almacenamiento mensual 1 euro. El coste unitario de contratación es de 100 euros y el de despido 1.000 euros, cada trabajador. El salario medio es de 10 euros por hora con una productividad media de 4 horas por unidad. La empresa trabaja 30 días al mes en jornadas de 8 horas. Ayude al director de operaciones de la empresa a formular un plan agregado de la producción que mantenga la plantilla actual de la empresa de 20 trabajadores y fabrique a un ritmo igual a la demanda media del semestre, empleando el inventario para ajustar la producción a la demanda.

Solución:

Mes	0	1	2	3	4	5	6
N. Brutas		1000	2000	500	1000	2000	3000
Stock Final	500	0	0	0	0	0	0
N. Netas unidades		500	2000	500	1000	2000	3000
N. Netas horas		2000	8000	2000	4000	8000	12000

$$S_t = Máx\{S_{t-1} - NB_t; \quad 0\}$$

$$NN_t = NB_t - S_{t-1}$$

Mes	1	2	3	4	5	6
N. Netas	2000	8000	2000	4000	8000	12000
D. media	6000	6000	6000	6000	6000	6000
Mano obra	25	25	25	25	25	25
Contratar	5	0	0	0	0	0
PHN	6000	6000	6000	6000	6000	6000
Stock Final	4000	2000	6000	8000	6000	0
COSTES						
Nómina	60000	60000	60000	60000	60000	60000
Contratación	500	0	0	0	0	0
Inventario	1000	500	1500	2000	1500	0
PERIODO	61500	60500	61500	62000	61500	60000
COSTE TOTAL = 367.000 euros						

$$\overline{D} = \frac{\sum_{t=1}^{6} D_t}{6} = \frac{36.000}{6} = 6.000 \, \frac{\text{horas}}{\text{mes}}$$

$$HN = 30 \, \frac{\text{días}}{\text{mes}} \times 8 \, \frac{\text{horas}}{\text{día}} = 240 \, \frac{\text{horas}}{\text{trabajador} \cdot \text{mes}}$$

$$MO_t = \frac{6.000 \, \dfrac{\text{horas}}{\text{mes}}}{240 \, \dfrac{\text{horas}}{\text{trabajador} \cdot \text{mes}}} = 25 \text{ trabajadores}$$

n = 25 trabajadores

$$PHN_t = 25 \text{ trabajadores} \times 240 \frac{\text{horas}}{\text{trabajador} \cdot \text{mes}} = 6.000 \frac{\text{horas}}{\text{mes}}$$

$$S_t = S_{t-1} + PHN_t - NN_t$$

$$\text{Coste Nomina}_t = PHN_t \frac{\text{horas}}{\text{mes}} \times 10 \frac{\text{euros}}{\text{hora}}$$

$$\text{Coste Contratación}_t = C_t \times 100 \frac{\text{euros}}{\text{trabajador contratado}}$$

$$\text{Coste Inventario}_t = S_t \text{ horas} \times \frac{1}{4} \frac{\text{unidad}}{\text{horas}} \times 1 \frac{\text{euro}}{\text{unidad} \cdot \text{mes}}$$

Capítulo 7: Planificación de necesidades de materiales

Ejercicio 1

Del ensamblado de tres unidades del producto A y dos del producto B se obtiene una unidad de producto X. El plan maestro de producción en unidades del producto X para las próximas cinco semanas se muestra en la tabla siguiente.

Semana	1	2	3	4	5
PMP	70	60	80	70	90

- El inventario inicial es de 10 unidades de producto X, 20 unidades del componente A y 10 del componente B.

- No se desea mantener ningún inventario de seguridad.

- Existe un pedido programado con anterioridad de 200 unidades del componente B, dicho pedido se recibirá en la primera semana.

- Para el cálculo del lote económico del producto X se utiliza la técnica del equilibrado de costes, mientras que para el producto B se utiliza la metodología de Silver – Meal, y para el producto A la técnica de lote económico aproximación por intervalo.

- El plazo de fabricación del producto X a partir del A y B es de una semana, al igual que el plazo de entrega por parte del proveedor de los componentes A y B.

Determine el plan de necesidades de los componentes A y B.

Solución:

Producto	X	Nivel	0	Lote	Lot period

Semana	0	1	2	3	4	5
N. Brutas		70	60	80	70	90
Recepción		270	0	0	0	90
Stock final	10	210	150	70	0	0
N. Netas		60	60	80	70	90
Lote		270	0	0	0	90
Lanzamiento	270	0	0	0	0	90

$$NN_t = NB_t - S_{t-1}$$

$$Lanzamiento_t = Lote_t \qquad Recepción_t = Lanzamiento_t$$

$$S_t = S_{t-1} + R_t - NB_t$$

Equilibrado de Costes – Lot period

$$CL = CM \quad \Rightarrow \quad 4.000 \text{ euros} = 10 \, \frac{\text{euros}}{\text{unidad} \cdot \text{mes}} \, X \text{ unidades} \cdot \text{mes}$$

$$X = \frac{4.000}{10} = 400 \text{ unidades} \cdot \text{mes}$$

J	D_j	$(j-1)\,D_j$	$\Sigma\,(j-1)\,D_j$
1	60	0	0
2	60	60	60
3	80	160	220
4	70	210	430
5	90	360	790

400 se aproxima más a 430 que a 790 $\Rightarrow$ debe fabricar la demanda de los cuatro primeros periodos.

J	D_j	$(j-1)\,D_j$	$\Sigma\,(j-1)\,D_j$
1	90	0	0

Fabricar la demanda del periodo restante.

Producto	A	Nivel	1	Lote	Apro. intervalo

Semana	-1	0	1	2	3	4
N. Brutas		810	0	0	0	270
Recepción		790	0	0	0	270
Stock final	20	0	0	0	0	270
N. Netas		790	0	0	0	270
Lote		790	0	0	0	270
Lanzamiento	790	0	0	0	270	0

$$NN_t = NB_t - S_{t-1} - R_t$$

$$Lanzamiento_{t-1} = Lote_t \qquad Re\,cepción_t = Lanzamiento_{t-1}$$

$$S_t = S_{t-1} + R_t - NB_t$$

Lote económico aproximación por intervalo

$$\overline{D} = \frac{790 + 0 + 0 + 0 + 270}{5} = 212 \frac{unidades}{semana}$$

$$Q = \sqrt{\frac{2 \times 4000\ euros \times 212\ unidad/semana}{10\ euros/unidad \cdot semana}} = 411,825206\ unidades$$

$$T = \frac{Q}{\overline{D}} = \frac{411,825206\ unidades}{212\ unidad/semana} = 2\ semanas$$

Producto	B	Nivel	1	Lote	Silver - Meal

Semana	-1	0	1	2	3	4
N. Brutas		540	0	0	0	180
Recepción		530	200	0	0	0
Stock final	10	0	200	200	200	20
N. Netas		530	0	0	0	0
Lote		530	0	0	0	0
Lanzamiento	530	0	0	0	0	0

$$NN_t = Máx\{NB_t - S_{t-1} - R_t; \quad 0\}$$

$$Lanzamiento_{t-1} = Lote_t \qquad\qquad Re cepción_t = Lanzamiento_{t-1}$$

$$S_t = S_{t-1} + R_t - NB_t$$

Silver – Meal

$$D_1 = 530 \quad \rightarrow \quad C_1 = \frac{4.000}{1} = 4.000 \; euros$$

$$D_1 + D_2 = 530 + 0 \quad \rightarrow \quad C_2 = \frac{4.000 + 0}{2} = 2.000 \; euros$$

$$D_1 + D_2 + D_3 = 530 + 0 + 0 \rightarrow C_3 = \frac{4.000 + 0 + 0}{3} = 1333,33 \; euros$$

$$D_1 + D_2 + D_3 + D_4 = 530 + 0 + 0 + 0 \rightarrow C_4 = \frac{4.000 + 0 + 0 + 0}{4} = 1.000 \; euros$$

$$D_1 + D_2 + D_3 + D_4 + D_5 = 530 + 0 + 0 + 0 + 180 \rightarrow C_5 = \frac{4.000 + 0 + 0 + 0 + 0}{5} = 800 \; euros$$

El mínimo coste por periodo se alcanza fabricando la demanda de los cinco periodos.

Ejercicio 2

Del ensamblado de tres unidades del producto A y dos del producto B se obtiene una unidad de producto X. El plan maestro de producción en unidades del producto X para las próximas cinco semanas se muestra en la tabla siguiente.

Semana	1	2	3	4	5
PMP	70	60	80	70	90

- El inventario inicial es de 10 unidades de producto X, 20 unidades del componente A y 10 del componente B.

- Se desea mantener un inventario de seguridad para el componente A de 40 unidades semanales, 30 unidades para el B y 20 para el producto X.

- Existe un pedido programado con anterioridad de 200 unidades del componente B, dicho pedido se recibirá en la primera semana.

- Para el cálculo del lote económico del producto X se utiliza la técnica del equilibrado de costes, mientras que para el producto B se utiliza la metodología de Silver – Meal, y para el producto A la técnica del lote a lote.

- El coste unitario de lanzamiento es de 1.000 euros y el coste unitario de mantenimiento 10 euros por semana.

- El plazo de fabricación del producto X a partir del A y B es de una semana, al igual que el plazo de entrega por parte del proveedor de los componentes A y B.

Determine el plan de necesidades de los componentes A y B.

Solución:

Producto	X	Nivel	0	Lote	Lot period

Semana	0	1	2	3	4	5
N. Brutas		70	60	80	70	90
Recepción		140	0	150	0	90
Stock final	10	80	20	90	20	20
N. Netas		80	60	80	70	90
Lote		140	0	150	0	90
Lanzamiento	140	0	150	0	90	0

$$NN_t = NB_t + SS_t - S_{t-1}$$

$$Lanzamiento_{t-1} = Lote_t \qquad Re\,cepción_t = Lanzamiento_{t-1}$$

$$S_t = S_{t-1} + R_t - NB_t$$

Equilibrado de Costes – Lot period

$$CL = CM \quad \Rightarrow \quad 1.000\,euros = 10\,\frac{euros}{unidad \cdot mes}\,X\,unidades \cdot mes$$

$$X = \frac{1.000}{10} = 100\,unidades \cdot mes$$

J	D_j	$(j-1) D_j$	$\Sigma (j-1) D_j$
1	80	0	0
2	60	60	60
3	80	160	220

100 se aproxima más a 60 que a 220 $\Rightarrow$ debe fabricar la demanda de los dos primeros periodos.

J	D_j	$(j-1) D_j$	$\Sigma (j-1) D_j$
1	80	0	0
2	70	70	70
3	90	180	250

100 se aproxima más a 70 que a 220 $\Rightarrow$ debe fabricar la demanda de los dos periodos, tercero y cuarto.

J	D_j	$(j-1) D_j$	$\Sigma (j-1) D_j$
1	90	0	0

Fabricar la demanda del periodo restante.

Producto	A	Nivel	1	Lote	Lote a lote	

Semana	-1	0	1	2	3	4
N. Brutas		420	0	450	0	270
Recepción		440	0	450	0	270
Stock final	20	40	40	40	40	40
N. Netas		440	0	450	0	270
Lote		440	0	450	0	270
Lanzamiento	440	0	450	0	270	0

$$NN_t = NB_t + SS_t - S_{t-1}$$

$$Lanzamiento_{t-1} = Lote_t \qquad Re\,cepción_t = Lanzamiento_{t-1}$$

$$S_t = S_{t-1} + R_t - NB_t$$

Producto	B	Nivel	1	Lote	Silver - Meal	

Semana	-1	0	1	2	3	4
N. Brutas		280	0	300	0	180
Recepción		300	200	100	0	180
Stock final	10	30	230	30	30	30
N. Netas		300	0	100	0	180
Lote		300	0	100	0	180
Lanzamiento	300	0	100	0	180	0

$$NN_t = M\acute{a}x\{NB_t + SS_t - S_{t-1} - R_t; \quad 0\}$$

$$Lanzamiento_{t-1} = Lote_t \qquad\qquad Re\,cepci\acute{o}n_t = Lanzamiento_{t-1}$$

$$S_t = S_{t-1} + R_t - NB_t$$

Silver – Meal

$$D_1 = 300 \quad \rightarrow \quad C_1 = \frac{1.000}{1} = 1.000 \text{ euros}$$

$$D_1 + D_2 = 300 + 0 \quad \rightarrow \quad C_2 = \frac{1.000 + 0}{2} = 500 \text{ euros}$$

$$D_1 + D_2 + D_3 = 300 + 0 + 100 \rightarrow C_3 = \frac{1.000 + 0 + (100 \times 10 \times 2)}{3} = 1.000 \text{ euros}$$

El mínimo coste por periodo se alcanza fabricando la demanda de los dos primeros periodos.

$$D_3 = 100 \quad \rightarrow \quad C_1 = \frac{1.000}{1} = 1.000 \text{ euros}$$

$$D_3 + D_4 = 100 + 0 \quad \rightarrow \quad C_2 = \frac{1.000 + 0}{2} = 500 \text{ euros}$$

$$D_3 + D_4 + D_5 = 100 + 0 + 180 \rightarrow C_3 = \frac{1.000 + 0 + (180 \times 10 \times 2)}{3} = 1.533,33 \text{ euros}$$

El mínimo coste por periodo se alcanza fabricando la demanda de los periodos tercero y cuarto.

$$D_5 = 180 \quad \rightarrow \quad C_1 = \frac{1.000}{1} = 1.000 \text{ euros}$$

Fabricar la demanda del periodo restante.

Ejercicio 3

Una importante firma automovilística está a punto de lanzar al mercado un nuevo coche, el XRJ27.5, un flamante deportivo con alerón trasero incluido. El plan de producción de carrocerías previsto para los próximos seis meses es el siguiente:

	Enero	Febrero	Marzo	Abril	Mayo	Junio
Lanzamiento	250	250	250	250	250	250

La fabricación de una carrocería consta de las cinco operaciones que recoge la tabla y que tienen lugar secuencialmente.

Operación	Descripción	Tiempo ejecución
OP 1	Soldadura del suelo	10 minutos
OP 2	Soldadura de la estructura	12 minutos
OP 3	Soldadura del lateral derecho	8 minutos
OP 4	Soldadura del lateral izquierdo	8 minutos
OP 5	Soldadura del techo	6 minutos

La primera operación la lleva a cabo robot 1 (R1), la segunda el robot 2 (R2), la tercera R1 y la cuarta y la quinta R2. El factor de aprovechamiento de cada operación se muestra en la tabla siguiente.

	OP 1	OP 2	OP 3	OP 4	OP 5
Aprovechamiento	95%	80%	90%	90%	95%

El plazo de entrega de las carrocerías es de un mes. La empresa trabaja un solo turno de ocho horas diarias veinte días al mes, si bien los trabajadores disponen de treinta minutos diarios para suplementos incluido el bocadillo de media mañana. El tiempo de preparación de cada centro de trabajo es de 60 minutos. Los lanzamientos se efectúan el último día del mes para el mes siguiente. Determine la capacidad que sobra o falta cada uno de los próximos seis meses.

Solución:

Tiempo de carga unitario de cada operación

Operación	OP 1	OP 2	OP 3	OP 4	OP 5
Robot	R1	R2	R1	R2	R2
Tiempo ejecución	10	12	8	8	8

$$t_{O1} = 10 \, \frac{\min utos}{pieza} + \frac{60 \min utos}{250 \, piezas} = 10,24 \, \frac{\min utos}{pieza}$$

$$t_{O2} = 12 \, \frac{\min utos}{pieza} + \frac{60 \min utos}{250 \, piezas} = 12,24 \, \frac{\min utos}{pieza}$$

$$t_{O3} = 8 \, \frac{\min utos}{pieza} + \frac{60 \min utos}{250 \, piezas} = 8,24 \, \frac{\min utos}{pieza}$$

$$t_{O4} = 8 \, \frac{\min utos}{pieza} + \frac{60 \min utos}{250 \, piezas} = 8,24 \, \frac{\min utos}{pieza}$$

$$t_{O5} = 6 \, \frac{\min utos}{pieza} + \frac{60 \min utos}{250 \, piezas} = 6,24 \, \frac{\min utos}{pieza}$$

Tiempo de carga de una unidad de producto en cada centro de trabajo

Operación	OP 1	OP 2	OP 3	OP 4	OP 5
Robot	R1	R2	R1	R2	R2
Aprovechamiento	10	12	8	8	8
Apro. ruta	58,48%	61,56%	76,95%	85,5%	95%

$$R_1 = \frac{10,24}{0,58482} + 0 + \frac{8,24}{0,7695} + 0 + 0 = 28,22 \, \frac{\text{min utos}}{\text{pieza}}$$

$$R_2 = 0 + \frac{12,24}{0,6156} + 0 + \frac{8,24}{0,8550} + \frac{6,24}{0,9500} = 36,09 \, \frac{\text{min utos}}{\text{pieza}}$$

Tiempo de carga de cada centro de trabajo por lote

Operación	OP 1	OP 2	OP 3	OP 4	OP 5
Robot	R1	R2	R1	R2	R2
Apro. ruta	58,48%	61,56%	76,95%	85,5%	95%

$$R_1 = 28{,}22 \, \frac{\text{min utos}}{\text{pieza}} \times 250 \, \frac{\text{piezas}}{\text{mes}} \times 0{,}58482 = 4.125{,}91 \, \frac{\text{min utos}}{\text{mes}}$$

$$4.125{,}91 \, \frac{\text{min utos}}{\text{mes}} \times \frac{1}{60} \, \frac{\text{hora}}{\text{min utos}} = 68{,}77 \, \frac{\text{horas}}{\text{mes}}$$

$$R_2 = 36{,}09 \, \frac{\text{min utos}}{\text{pieza}} \times 250 \, \frac{\text{piezas}}{\text{mes}} \times 0{,}58482 = 5.276{,}54 \, \frac{\text{min utos}}{\text{mes}}$$

$$5.276{,}54 \, \frac{\text{min utos}}{\text{mes}} \times \frac{1}{60} \, \frac{\text{hora}}{\text{min utos}} = 87{,}94 \, \frac{\text{horas}}{\text{mes}}$$

Tiempo total necesario　　　　　**Tiempo disponible mensual**

$$68{,}77 \, \frac{\text{horas}}{\text{mes}} + 87{,}94 \, \frac{\text{horas}}{\text{mes}} = 156{,}71 \, \frac{\text{horas}}{\text{mes}}$$

$$7{,}5 \, \frac{\text{horas}}{\text{día}} \times 20 \, \frac{\text{días}}{\text{mes}} = 150 \, \frac{\text{horas}}{\text{mes}}$$

Tiempo que falta cada mes

$$156{,}71 \, \frac{\text{horas}}{\text{mes}} - 150 \, \frac{\text{horas}}{\text{mes}} = 6{,}71 \, \frac{\text{horas}}{\text{mes}}$$